諫《かん》言《げん》を容れる

経営のリーダーシップ

矢野弘典
産業雇用安定センター会長

時事通信社

古典の魅力――序にかえて

リーダーは古来、古典と思索と実体験を通じて自分自身を鍛えてきた。歴史上の人物や故事に心を通わせ、詩想に遊び、静慮内省し、死生観を磨き、生きる教訓を学びつつ、事に当たった。事上磨錬である。

◉リーダーと古典――変革の時代に

明治維新を振り返ってみよう。

西郷隆盛、吉田松陰、横井小楠《しょうなん》、勝海舟、橋本左内など時代を動かした人々は、日々奔走しながらも、若いときから寝食を惜しんで学問に励んだ。その読書量は膨大で、古典を読み込んで自分を磨き、死生の間に立ったのである。当時の学問の目的は、人格形成を第一義とした。「修己治人《しゅうこちじん》」というように、己を修めてリーダーとしての心得を修得することが第一で、その上で時勢についての学習を徹底したのである。世界情勢に対する彼らの視野は広く、分析は的確であった。その証拠に、時のリーダーたちは尊王を旗印に倒幕を終えた後は、偏狭な攘夷《じょうい》を捨てて一挙に開国に向かって驀進《ばくしん》したのである。文明開化によって失ったものも多いが、それが明治という時代の特徴であったと私は思う。司馬遼太郎の『坂の上の雲』は、世界に向かって飛躍する時代精神とリーダー像を描いた力作である。

古典は、とりわけ変革の時代に必要とされる。心において不変の座標軸を持ちたいと念願するリーダーにとって、これに優る指針はあるまい。

◉古典に親しむきっかけ

古典に興味を持ち、探求する動機は様々であろう。

音楽を聴いて味わうように、心の糧を得ようと一般的な教養として学ぶ人もいる。何か切羽詰まった問題に直面し、独り解決のヒントを古典に求める人もいるだろう。師匠と呼べる人があれば直に問うこともできようが、自分で決めねばならない場面は時とともに増える。そういうときに頼れるのは、身についた座右の書しかないのである。

私の動機は次の三つであった。一つには、父が先の大戦で中国東北部に従軍し、敗戦後に抑留された体験を私が大学生の頃に語ってくれた。「中国人は大人《たいじん》だよ」と。昭和二十〜二十一年のことだが、何かと親切にしてくれたのだろう。漢文を通して古代中国に抱いていた憧れが、刺激された一瞬であった。二つ目は、高知大学の付属中学校に通っていた頃、国語の先生に古典への目を開いてもらった。『論語』、『唐・宋詩』、藤村、啄木《たくぼく》を習い、目を見張る思いをした。第三には、これが一番切実だったのだが、三十代の半ばに会社の中間管理職となり、急場に右往左往しない自分の心の拠り所がほしいと思った。このときに初めて『論語』を通読し、繰り返し読むほどに、孔子の肉声が聞こえるような親近感を覚えた。独学独習の勝手読みだが、文字に照らして現実を観、現実に照らして文字を読むように努めて今日に至っている。

◉古典をいかに後世に伝えるか

洋の東西を問わず、古典は人類共通の文化遺産である。それがギリシャ語で書かれているか、中国語であるかは問題ではない。驚くべきことは、東西の文明圏の間に交流がなかったにもかかわらず、諸説に多くの共通点がある。精神医学の大家CGユング（一九六一年没）はこれを「共時性（syncronicity）」と名付けたが、歴史の奇跡であった。

東洋の我々には、漢字のお蔭《かげ》で古代中国が親しみやすい。西欧人がギリシャ、ローマ時代に関心を持つのと同じである。次代を担う若者に、これらの偉大な文化遺産を学んではほしいと切に思う。学校教育でも、教科書だけでなく広く古典の本文に触れさせ、大きな声で朗読するようにしたらよいのではないか。

及ばずながら私も、二〇一〇年にフルタイムの仕事を終えた後、自宅で孫の世代に古典を教えることにした。寺子屋「お爺《じい》ちゃんの論語塾」の開設である。社会奉仕のつもりで始めて十三年、三〇〇回を超えるに至ったが、もっぱら素読と暗誦《あんしょう》に力を入れている。深い意味が分かるのは、大人になってからでも遅くないと考えている。

また、経営者を対象に「青草の会」を開いて十年になる。『論語』をはじめとする古典をテキストにした、月一回の勉強会である。各人の分担に基づく発表は、豊かな経験に裏打ちされた含蓄深いものであり、お互いに刺激の多い学びの場となっている。

◉本書の成り立ち

本書では、第一、二章で『貞観政要《じょうがんせいよう》』と『呻吟語《しんぎんご》』を取り上げた。いずれも（公財）産業雇用安定センターの月刊誌『かけはし』に、毎月連載したものである。前者は唐初の君臣問答集で、遠慮のない臣下の諫言とそれを容れる君主の大度量を記している。帝王学の書として永く親しまれてきたもので、本書の題名の由来となった。後者は人間形成の要諦を説いた明末の書である。

第三章では「企業の社会的責任（ＣＳＲ）」を取り上げた。これは、ＩＬＯ活動推進日本協議会の月刊誌『Work & Life　世界の労働』に掲載したものである。ＣＳＲの実現は経営のリーダーシップ如何にかかっているが、そのために腐心している経営者の心に響くヒントが第一、二章の両書には満ちていると思う。また、国連によるＳＤＧｓ（持続可能な開発目標）や、投資家が注目するＥＳＧ（環境・社会・企業統治）課題も、企業経営の立場からはＣＳＲの延長戦上にあると私は考えている。

本書は、二〇一九年に上梓《じょうし》した拙著『才徳兼備のリーダーシップ――論語に学ぶ信望』（時事通信社）の続編であり、ご一読の上ご叱正《しっせい》を頂ければ幸いである。

二〇二四年一月

矢野弘典

目次

第一章　帝王学の書『貞観政要』に学ぶ……15

諫言を容れる――経営のリーダーシップ

人材の育成

第二章　才徳兼備の人づくり 『呻吟語』に学ぶ

第一章

帝王学の書『貞観政要』に学ぶ

太宗李世民

傑出したリーダー像

『貞観政要』は千四百年前の書だが、今もってみずみずしい。登場人物の志の高さと私心の無さ、上下の信頼関係の厚さなどは、リーダーシップのあり方と組織運営の核心を突いて、きわめて現代的である。自己を磨き後継者の育成に腐心し、事業の永続性を願う経営者には、必ず得るところがあるだろう。

◉君臣間の熱い政治対話

唐（六一八〜九〇七年）の第二代皇帝となった太宗《たいそう》*（李世民《りせいみん》、在位六二六〜六四九年）は、名君の誉れが高く、在位した貞観年間（六二七〜六四九年）の優れた治世は「貞観の治」として後世に伝わった。

本書は、太宗と群臣との問答集である。太宗の死後五十年頃に、史家・呉兢《ごきょう》*によって編纂《へんさん》された。十巻四十篇《ぺん》。時のリーダーたちの国家運営への思いが溢《あふ》れ、太宗の聴く度量と直言する部下の覇気とが響きあって、自由闊達《かったつ》な当時の雰囲気を描き出している。

李世民は軍事面でも非凡な才能の持ち主で、父・李淵《りえん》（初代皇帝・高祖*）を助けて隋《ずい》王朝を亡ぼし、国内を平定し、唐の創業に最大の貢献をした。高祖はその功を称え、天策上将の名を与えたほどである。それを妬んで兵を興そうとした、皇太子の兄・建成《けんせい》と弟・元吉とを六二六年の玄武門の変*で倒し、その後は専ら王朝の安定のために力を尽くした。

歴史年表をたどると、三蔵法師・玄奘《げんじょう》がインドに向け旅立ったのが六二九年、景教（ネストリウス派キリスト教）の中国伝来が六三五年、日本では初の遣唐使の派遣が六三〇年、大化の改新が六四五年であった。

◉太宗をめぐる名臣たち

太宗は、帝位の後継争いで敵味方に別れた者を問わず、能力ある者を積極的に登用した。臣下もその期待に応えて、しばしば歯に衣を着せない意見を述べ、国家の運営に過ちがないように努めたのである。

太宗に若いときから仕えた人々の代表格が、房玄齢《ぼうげんれい》*と杜如晦《とじょかい》*である。太宗を宰相として輔佐《ほさ》し、政治の表舞台を仕切った。玄武門の変を敢行したのも、放置すれば破滅すると判断した二人の進言によった。

建成に仕えて太宗に敵対した側の代表が、魏徴《ぎちょう》*と王珪《おうけい》*である。建成の謀臣であった魏徴に対し太宗が、「兄弟の間を離間したのはなぜか」と詰問したところ、魏徴は従容として次のように答えた。「皇太子が私の言に従っていたなら、今日の禍はなかった」と。刑殺を覚悟の上で答えたに相違ないが、太宗はこの一言に感じて魏徴の人物を認め、側近に召し抱えたという。次の一文がある。

徴《ちょう》、もとより経国の才あり。性また抗直《こうちょく》にして屈撓《くつどう》する所なし。太宗これと言うごとに、未だかつて悦《よろこ》ばずんばあらず。徴もまた知己の主に逢《あ》ふを喜び、その力用《りょくよう》を竭《つ》くす。（任賢篇）

魏徴は治国の才能があり、何ものにも屈しない剛直な性格だった。太宗はその識見を悦び、彼も自分の真価を知る主を得たと喜び力の限り仕えた。

魏徴（提供：CPCphoto）

◉賢夫人の誉れ高かった皇后

太宗を助けて功あった人々の中で、忘れてはならないのが文徳皇后*の存在であった。その内助の功で最も有名なのは、次のエピソードである。太宗が人の賞罰に関する件で意見を聞いたところ、皇后は次の古文を引用して答えた。

牝鶏《ひんけい》の晨《あした》するは、惟《こ》れ家の索《つ》くるなり。(『書経*』)

めんどりが朝のときを告げるのは、家が落ちぶれる前兆である。妻が夫をないがしろにして政治に口出しすることは、家の破滅の元だと述べたのである(諸橋轍次《てつじ》『中国古典名言事典』(講談社)参照)。皇后が若くして亡くなったとき、太宗は「良き補佐役を失った」と哀しみ嘆いたという。

◉創業か守成か?

本書で最も有名な箇所は、太宗が問うた「創業と守成とは、どちらが難しいか?」であろう。臣下の答は二つに分かれた。千軍万馬して国家統一に奔走した者は創業の難しさを語り、将来への持続可能性を考える者は守成の難しさを主張した。道徳文化国家として三百年にわたって栄えた唐王朝の、基礎をつくった思想がそこにある。それはまた、現代社会の課題に通ずる問いでもある。

日本でも北条政子、徳川家康、近くは明治天皇が愛読したと伝えられる。大変革の後で守成に心をくだいたリーダーの拠り所となったに相違ない。

問答の詳細は次項以下に譲るが、文献は原田種成『新釈漢文大系　貞観政要』（明治書院）上下二巻に拠っている。

太宗（李世民）［598～649］中国、唐の第2代皇帝。在位626～649。廟号《びょうごう》は太宗。高祖李淵の次男。隋末、李淵の建国を助け、626年、玄武門の変によって兄弟を殺し、父の譲位を受けて即位。官制を整え、均田制・租庸調制・府兵制・科挙制などを確立し、房玄齢・杜如晦《とじょかい》らの名臣を用いて「貞観《じょうかん》の治」とよばれる治世をもたらした。また、東突厥をはじめ四囲の諸民族を制圧したが、高句麗遠征には失敗。（大辞泉）

呉競［670～749］中国唐の歴史家，政治家。則天武后時に右補闕となり、『則天実録』を編纂した。玄宗時にも国史の編纂に携わった。『貞観政要』全10巻の編者として名高い。太宗の欠点も隠さず、赤裸々に群臣との問答を記している。

高祖（李淵）［565～635］中国、唐の初代皇帝。在位618～626。字《あざな》は叔徳。廟号《びょうごう》は高祖。隋に仕えたが、煬帝《ようだい》の失政に乗じて挙兵し、長安に入って恭帝を擁立。618年、恭帝の禅譲を受けて即位し、群雄を平定して唐を建国。（大辞泉）

玄武門の変　中国唐代の626年、長安宮城の北門である玄武門で、李世民（太宗）が、兄の皇太子李建成と弟の李元吉を殺害した事件。翌月、世民は即位し、唐朝第2代皇帝太宗となった。

房玄齢［578〜648］中国、唐初の政治家。斉州・臨淄《りんし》（山東省）の人。字《あざな》は喬。太宗に仕えて15年にわたり宰相を務め、杜如晦《とじょかい》らとともに貞観の治の基礎をつくった。文章家としても知られ、「晋書」の撰にもたずさわった。（大辞泉）

杜如晦［585〜630］中国、唐の政治家。京兆（陝西《せんせい》省）の人。太宗に仕え、房玄齢とともに、貞観の治の基礎を築いた名臣とされる。（大辞泉）

魏徴［580〜643］中国、唐初の政治家・学者。曲城（山東省）の人。字《あざな》は玄成。太宗に召し出され、節を曲げぬ直言で知られる。『隋書《ずいしょ》』『群書治要』などの編纂《へんさん》にも功があった。（大辞泉）

王珪［571〜639］中国南朝梁の将軍、王僧弁の孫。隋の思想家、王通から詩を学ぶ。太子建成の下にあり、太宗に敗れ四川に流されたが、太宗に召され諫議大夫に任命された。魏徴とともに直言をもって太宗に仕えた。

文徳皇后［601〜636］中国、隋の政治家長孫晟《ちょうそんせい》の娘。13歳で太宗に嫁す。倹約を守り、読書に励みながら内助に務めた。義父に当たる高祖によく仕え、高祖の妃やそばめに親しみ、夫に対する風当たりを和らげた。

書経　中国の経書。五経の一つ。20巻、58編。孔子の編といわれる。堯《ぎょう》・舜《しゅん》から周までの政論・政教を集めた。君臣の言行の模範を集めたもので、史書としての価値も高い。

創業と守成とは、どちらが難しいか？

これは、唐の第二代皇帝となった太宗が、左右の侍臣に投げかけた問いである。はたして、答は二つに分かれた。

◉創業の方が難しい――房玄齢《ぼうげんれい》

貞観十年、太宗侍臣に謂《い》いて曰《いわ》く、帝王の業、草創《そうそう》と守文《しゅぶん》といづれが難き、と。尚書《しょうしょ》左僕射《さぼくや》房玄齢対《こた》えて曰く、天地草昧《そうまい》にして、群雄競い起る。攻め破りてすなわち降し、戦い勝ちてすなわち剋《か》つ。これによりてこれを言えば、草創を難しとなす、と。

（巻《かん》一、君道編第三章）

貞観十年に、太宗が侍臣に問うた。「帝王の事業の中で、草創と守文とでは、どちらが困難であろうか」と。「草創」は創業に同じで事業を始めること、国を興す意であり、会社なら起業である。「守文」は守成、創始した事業を守り育てること、今風に言えば持続可能性を高める意である。

尚書省長官（宰相職）を務めた房玄齢*は、次のように答えた。「創業のときには天下が乱れ、群雄が割拠して競い合っており、それらを討ち破り、戦いに勝ってようやく平定し、国を建てることができました。命がけで試練を乗り越えて今あることからして、創業の方が困難です」と。

この問いが発せられたのは、建国時の混乱と疲弊が癒え、経済も回復し、もはや戦後ではないと言える状況にまで達し、民生が軌道に乗り始めたときであっただろう。

◉守成の方が難しい――魏徴《ぎちょう》

魏徴対えて曰く、帝王の起るや、必ず衰乱《すいらん》を承《う》け、かの昏狡《こんこう》を覆《くつがえ》し、百姓《ひゃくせい》、推すを楽しみ、四海、命に帰す。天授け人与う。すなわち難しとなさず。然れども既に得たる後は、志趣驕逸《ししゅきょういつ》す。百姓は静を欲すれども、徭役《ようえき》休《や》まず。百姓凋残《ちょうざん》すれども、侈務《しむ》息《や》まず。国の衰弊《すいへい》は、つねにこれに由りて起る。これをもって言へば、守文はすなわち難し、と。

これに対し諫議大夫《かんぎたいふ》*であった魏徴は、次のように反論した。「帝王が起るときは、必ず前代が衰え乱れた後を承け、愚かで狡猾《こうかつ》な支配を覆すので、人々は新しい天子を喜んで推し、国中がその命に従います。このように草創は、天が授け人々が与えたものだから、困難ではありません。しかし、ひとたび帝位を得た後は、思い通りになると勘違いして勝手気ままになりがちです。人々は戦乱の後で平穏な生活を願っているのに、過大な労役を課すれば疲れ果て、まして王宮の建造など帝王の贅沢《ぜいたく》が已《や》むことがなければどうなるでありましょう。国の衰えと破綻は、常にこういうところに起因するので、守成の方が難しいのです」と。

諫議大夫とは、皇帝の過ちを諫《いさ》める重職であり、魏徴は生涯側近にあって剛直な直言を惜しまなかった。

◉国の永続を期して——太宗

太宗曰く、玄齢は、昔、我に従って天下を定め、備《つぶさ》に艱苦《かんく》を嘗《な》め、萬死《ばんし》を出でて一生《いっせい》に遇《あ》へり。草創の難きを見る所以なり。魏徴は、我とともに天下を安んじ、驕逸《きょういつ》の端を生ぜば、必ず危亡の地を践《ふ》まんことを慮《おもんぱか》る。守文の難きを見る所以なり。今、草創の難きは、既に往けり。守文の難きは、まさに公等とこれを慎まんことを思うべし、と。

二分した意見に対し、太宗は次のように述べた。「房玄齢はかつて私に従って天下を平定し、あらゆる艱難辛苦《かんなんしんく》を嘗《な》め、万死に一生を得て、創業の困難を見てきたのである。魏徴は私とともに天下を安定させ、驕《おご》り高ぶり気ままな心が少しでも生ずれば、必ず危急存亡に至ることに心を配り、守成の難しさを見てきた。諸公よ、今や創業時の困難は過ぎ去った。これからの守成の困難は、公らとともに畏れ慎みつつ克服しなければならない」と。

唐は李淵《りえん》（高祖）が、隋を倒して生まれた王朝である。隋は遣隋使の派遣で日本とも縁のある国だが、愚昧な二代目・煬帝《ようだい》＊のときに命脈が尽きた。大土木工事、無謀な外征で人々を酷使し、奢侈《しゃし》放縦《ほうしょう》が重なって、わずか三十八年という短命に終わった。

私は二〇一〇年の上海万博で中国を訪問した際、煬帝が建設した大運河の一部を見学したことがある。船にも乗ったが、河幅は広く、深さもあり、現代の舟運にも役に立っていると見えた。一〇〇万人を大動員したという大運河の開通は六〇五年から六〇八年頃で、六〇四年に即位して間もないときである。この頃の煬帝は治世に意を用いたのであろうが、後の高句麗遠征の失敗も重なり、次第に政務に厭《あ》き、もともと奢侈を好む生活に溺れて、国と身を滅ぼすに至ったのではないか、と思う。日本とも接点があり、第二回遣隋使の派遣が六〇七年で、聖徳太子は煬帝に「日出づる処の天子、書を日没する処の天子に致す、恙《つつが》無きや」で始まる有名な国書を送っている。

唐は、李淵の次男李世民（太宗）が後を継ぎ、永く栄える国の基礎を創った。同じ二代目でも、こうも違う。なぜか？

太宗の見識や行動は、決して一夜にして生まれたものではない。『貞観政要』を読んで、私は次のような点に惹《ひ》かれる。

①創業時に父を助けて、現場で血のにじむような苦労をした。

②この間人を見る眼が養われ、良臣を多く得、直言を聞く度量を持った。

③トップとなっても、自分は万能ではないという謙虚さを持ち続けた。

リーダーのあり方、さらには後継者や二代目の育成に腐心する人にとって、本書は数々のヒントに満ちていると思う。

房玄齢　21ページ参照。

諫議大夫　中国の官名の一つ。天子のあやまりをいさめ、国家の利害得失などについて忠告する役目。秦では諫大夫といっていたが、後漢の光武帝が改めてから、歴代この名で置かれた。諫議。（日本国語大辞典）

煬帝［５６９～６１８］中国、隋の第2代皇帝。在位６０４～６１８。姓は楊、名は広。文帝（楊堅）の第2子。煬は悪逆な皇帝を示す諡《おくりな》。兄を失脚させ、父を殺して即位。東都や大運河建設などの大土木工事、高句麗《こうくり》遠征などで人民を酷使したため各地に反乱が起こり、臣下の宇文化及に殺された。（大辞泉）

水あってこそ、舟は浮かぶ

ある日、太宗は侍臣たちに対し、勢い盛んな国が亡びる原因は何かと問いかけた。魏徴との問答を読んでみよう。

◉畏《おそ》るべきは民

貞観六年、太宗曰く、古の帝王を看るに、盛あり衰あること、朝の暮あるがごとし。皆その耳目を蔽《おお》うがために、時政の得失を知らず、忠正なる者は言わず、邪諂《じゃてん》なる者は日に進む。すでに過ちを見ず。滅亡に至る所以なり。…書に云《いわ》く、愛すべきは君にあらずや、畏るべきは人にあらずや。天子は道あれば人推して主となし、道なければ人棄てて用いず、誠に畏るべきなり、と。（巻一、政体篇第七章）

貞観六年、太宗は次のように語った。「古来の帝王を観察すると、国家の盛衰は、朝が来て日が暮れるようなものだ。臣下が君主の耳目を覆い隠すため、君主は時の政治の善悪を知ることがない。真心ある者は何も言わず、おべっか遣いばかりが周りを囲んで、過ちが見えなくなり滅亡に至る。……書経*に『君が徳をもって民を愛すれば、民もまた君を敬愛する。君が無道であれば民は離叛《りはん》するから、恐るべきものである』とある。天子が道義を重んずれば、民は喜んで君主に推す。逆に無道であれば民はその地位を奪ってしまう。本当に恐るべきものだ」と。天下の安定に甘んずることなく、諸卿《しょきょう》は私(太宗)の耳目となってほしいと述べたのである。

◉君は舟なり、人は水なり

魏徴対《こた》えて曰く、古《いにしえ》より国を失うの主は、皆、安きに居りて危うきを忘れ、理に処りて乱を忘るるをなす。長久なること能わざる所以なり。今、陛下、富は天下を有《たも》ち内外清晏《せいあん》なるも、よく心を治道に留め、常に深きに臨み薄きを履むがごとくならば、国家の暦数《れきすう》、自然に霊長《れいちょう》ならん。臣また聞く、古語に云う、君は舟なり。人は水なり。水はよく舟を載せ、またよく舟を覆す、と。陛下、もって畏るべしとなす。誠に聖旨のごとし、と。

諫議大夫魏徴は答えた。「昔から国を失った君主は、安定すれば危険だった時を忘れ、治にいて乱を忘れてしまった。それが、国家を長く保てなかった理由である。いま陛下は天下の富を全て保有し、国内外が安寧な中で、よく心を政治のあり方に留め、深淵に臨んで薄氷を踏むかのように慎重である。国家の存続は長久となろう。古語に『君主は舟、民は水である。水は舟を載せて浮かべる一方、船を転覆させる』とあるように、民は畏るべしとは、まさに至言であります」と。

時代が変わって現代にも、「舟と人」を髣髴《ほうふつ》とさせるリーダーがいる。

◉社長は偉い人ではない――土光敏夫

この言葉は、土光敏夫*さん（経団連会長、第二次臨調会長）が東芝の社長就任時に語った。職位が上がるにつれて人は偉くなったと錯覚し、地位に伴う権力を振り回しがちだが、社長と社員とは役割が違うだけだ、それぞれに存分に役割を果たせばよいのだという。実に新鮮なメッセージであった。

土光さんはまた、「仕事は、権力ではなく権威でせよ」とも語った。権威とは、人の全人的魅力を指す。それは日々の精進、仕事への情熱と深い経験の産物であり、決して付け焼き刃では生まれない。周りはそれを感知し、全幅の信頼を寄せる。そのような人になれ、と土光さんは語ったのだ。ご自身も質素な生活と無私に徹し、現場主義を貫き、率先垂範、多くの人を感化し、その全幅の協力を得て、大きなリーダーシップを発揮したのである。

土光さんの「チャレンジ・レスポンス（CR）経営*」の元もそこにあった。チャレンジ（挑戦）と称して、無理難題を部下に押しつけるような経営ではない。立場は異なっても自由闊達に論議するときに、初めてCR経営は成り立つ。「上下左右、互いにチャレンジしよう」、これが土光さんの真意だったと私は思う。

◉リーダーは謙虚であれ――李登輝

台湾総統であった李登輝*氏が、二〇二〇年七月に亡くなった。それを機に、久しぶりに読んだ氏の著書『最高指導者の条件』（PHP研究所）に、次の一文があった。魏徴の「舟と人」の話を引用し、国家形態の如何を問わず当てはまる教えとした上で、「指導者は国家と国民に対して忠誠心をもち、あらゆる面で謙虚でなければならない。……天下為公（天下は公のため）が私の信念である。政治家は私心があってはならない」と。

氏はまた、その著書『「武士道」解題――ノーブレス・オブリージュとは』（小学館）の中で、武士道に対する造詣の深さを示している。著者に古武士の風格を感ずるのは、私だけであろうか。ノーブレス・オブリージュとは、高い地位に伴う道徳的・精神的義務（『広辞苑』）

を指す。

書経　21ページ参照。

土光敏夫　［1896〜1988］実業家。岡山の生まれ。経営難に陥った石川島重工業や東京芝浦電気（現東芝）などの社長を歴任、再建を成功させた。昭和49年（1974）経団連会長に就任。昭和56年（1981）には第二次臨時行政調査会（土光臨調）会長となり、行政改革に取り組んだ。（大辞泉）

チャレンジ・レスポンス経営　組織内の上位者が下位者に対して積極的にチャレンジを行い、それに対して下位者が上位者に対して積極的にレスポンスを返す経営手法。そしてまた、下位者から上位者へのチャレンジも含むものであり、活発な情報や意見交換で、組織を活性化する。「仕事上では、社長も社員も役割が異なるだけで同格なのである。その同格という意識を持つには、ディスカッションするのがいちばんいい。『チャレンジ・レスポンス』は、そのディスカッションシステムでもある」（土光敏夫『私の履歴書』）

李登輝　［1923〜2020］台湾の政治家。日本統治下の台湾に生まれ、京都帝国大学農学部で学ぶ。第二次大戦後は中国国民党に反発していたが、農業の専門家として蒋経国に抜擢され、1971年に入党。以降、累進し1984年に蒋の副総統となる。1988年、蒋の死去により総統に。1996年、初の直接選挙にも勝利し2000年まで務める。退任後は台湾独立の主張を強め、2001年に国民党を除籍された。（大辞泉）

リーダーはまず身を正せ

『貞観政要』の巻頭に次の一文がある。「人々を苦しめて嗜欲《しよく》に走ることは、自分の身を食らうようなものだ」と太宗は語った。

◉嗜欲が身を滅ぼす――太宗

貞観の初め、太宗、侍臣に謂いて曰く、君たるの道は、必ずすべからく先ず百姓を存すべし。もし百姓を損じて以てその身に奉ぜば、なお脛《はぎ》を割きて以て腹に啖《くら》わすがごとし。腹飽きて身斃《たお》る。もし天下を安んぜんとせば、必ずすべからく先ずその身を正すべし。いまだ身正しくして影曲り、上理《おさ》まりて下乱るる者はあらず。朕《ちん》つねにこれを思う。その身を傷《やぶ》る者は、外物に在《あ》らず。皆、嗜欲に由りて、もってその禍《わざわい》を成す。もし滋味に耽《ふけ》り嗜《たしな》み、声色を玩《もてあそ》び悦《よろこ》べば、欲する所すでに多く、用うる所もまた大なり。すでに政事を妨げ、また生人《せいじん》を擾《みだ》す。かつまた一の非理の言を出せば、万姓これがために解体す。怨讟《えんこく》すでに作《おこ》り、離叛もまた興る。朕、つねにこれを思い、あえて

縦逸《しょういつ》せず、と。（巻一、君道篇第一章）

貞観初年に、太宗は側近に語った。「君主は何よりも人々の生活を第一に考えるべきで、人々を苦しめて贅沢をするのは、自分の足の肉を割いて食らうようなものだ。満腹すれば体が持たなくなる。もし天下を安泰にしようとするなら、まず己の行いを正しくせねばならない。姿勢を正した体の影が曲がったり、上が身を修めて下が乱れたことはこれまでになかった。身の破滅を招く原因は、外部にはなく、その者自身の欲望にある。美食や宴《えん》樂《らく》・女色に耽《ふけ》れば欲望は果てなく膨れあがり、その費用も限りがなくなる。政事の妨げとなる上、人々の生活を乱す。その上、君主が一言でも道理に外れたことを言えば、万民の心はバラバラになり、世に怨嗟《えんさ》の声が高まって、離叛や謀反が興る。私はこれを常に憂え、勝手気ままにならないよう心がけている」と。

諫議《かんぎ》大夫魏徴《ぎちょう》は、次のように答えた。

◉身修まれば国治まる——魏徴

古者《いにしえ》、聖哲の主は、皆また近くこれを身に取る。故によく遠くこれを物に体す。昔、楚《そ》、詹何《せんか》を聘《へい》し、その国を理《おさ》むるの要を問う。詹何対《こた》うるに身を修むるの術を以てす。

楚王、また国を理むることいかんと問う。詹何曰く、いまだ身理まりて国乱るる者を聞かず、と。陛下の明かにする所は、実に古義に同じ、と。

魏徴は語った。「昔の聖人哲人と尊敬された君主は、遠くのことでも身近のことと受け止め実践した。昔、楚の荘王*（春秋五覇の一人、在位：BC六一三～五九一）が賢人の詹何《せんか》*を招いて、国を治める要諦を問うたところ、詹何は『君主が自分の身を修め、姿勢を正すこと』と答えた。楚王が重ねて尋ねたところ、詹何は『これまでに君主の身が修まって、国が乱れた例は聞いたことがない』と答えるのみだった。陛下の言は、古人と同じであります」と。

◉初心を貫くことの難しさ

太宗は、徹底して自己抑制のできる君主だった。

そして臣下の諫言《かんげん》をよく聴き、受け容れ、自分の軌道修正に躊躇《ちゅうちょ》しなかった。頂点に立ってその境遇に溺れないでいるのは、凡人の及ぶところではない。太宗は父親の高祖とともに、唐を建国した。隋王朝との武力対決を制し、後継争いで肉親の兄弟と闘うなど、創業時の苦労は血生臭く命がけだった。隋滅亡の当主煬帝《ようだい》*をはじめ、全てが生きた反面教師だったに相違ない。

初心忘るべからず。

いつの時代にも、一番の難事は初心を継続することである。煬帝も初めは善政を施いたが、いつの間にか政事に飽きて、寵臣《ちょうしん》のみを重用し愉楽三昧の日々を送るようになった。やがて時代の現場感覚を失い、反乱軍の急迫すら間際まで気づくことはなかったのである。

ここで私は、『易経*』が描いた龍《りゅう》の生涯を思い出す。

人生の絶頂期にある飛龍が、成長期の謙虚さを忘れ「人」の意見に耳を貸さなくなって、地に落ちて行く龍を亢龍《こうりゅう》と名付けた。ここにいう「人」とは、企業経営では会社を支える多くの「ステークホールダー」(顧客・従業員・株主・取引先・地域社会など)である。驕《おご》り高ぶった本人の没落は自業自得だが、社員や関係者にはとても堪え得るものではない。

かつて某企業が人員整理に踏み切り、社長がふと「株価を上げるため」と本音を漏らした。それを聞いた私は、ただ驚き呆れるほかはなかった。その結果は、若い有能な社員まで会社を見限って去り、業績の退潮に歯止めがかからなくなったのである。

本書は、リーダーの姿勢の重要性を説いてやまない。私欲を捨て、見識を養い、信望を高め、心ない暴言を慎むこと。そこに組織永続性の鍵があるというのである。

楚　春秋戦国時代の国。戦国七雄の一。揚子江中流域を領有し、都は郢《えい》。春秋中期には陳・鄭・宋などを圧迫し、晋と対立。荘王は中原の覇者となったが、前223年、秦に滅ぼされた。（大辞泉）

荘王　［?～前591］中国、春秋時代の楚《そ》の王。在位、前614～前591。春秋五覇の一人。名は侶。前597年、晋の景公を破って覇者となった。周王の使者に鼎《かなえ》の軽重を問うた逸話は有名。（大辞泉）

詹何　春秋戦国中期（前4世紀）に活動した道家の思想家。隠者。楚王に問われたこの会話は『列子』説符篇にある。

煬帝　26ページ参照。

易経　五経《ごきょう》の一。伏羲《ふっき》氏が初めて八卦《はっけ》を作り、孔子が集大成したといわれるが未詳。天文・地理・人事・物象を陰陽変化の原理によって説いた書で、元来、占いに用いられた。六十四卦《け》およびそれぞれの爻《こう》につけられた占いの文章（経）と、易全体および各卦について哲学的に解説した文章（伝もしくは十翼という）とから成る。周代に流行したところから周易ともいう。易。（大辞泉）

長所を用いて人を生かす

完璧な人はどこにもいない。長所を見出してそれを活かすのがリーダーのリーダーたる所以であるが、よほど懐の深い人物でなければそれはできない。

◉長所と短所との見分け

貞観十一年、所司、凌敬《りょうけい》の乞貸《きったい》の状を奏す。太宗、侍中《じちゅう》魏徴《ぎちょう》等が濫《みだり》に人を進むるを責む。徴曰く、臣等、顧問を蒙《こうむ》る毎に、常に具《つぶさ》にその長短を言う。学識有りて強く諫《かん》争《そう》するは、これその長ずる所なり。生活を愛し、経営を好むは、これその短なる所なり。今、凌敬、人の為に碑文《ひぶん》を作り、人に漢書《かんじょ》を読むを教え、これに因《よ》りて附托《ふたく》し、回易《かいえき》して利を求む。臣等が説く所と同じからず。陛下、未だその長を用いず、ただその短を見、もって臣等欺罔《ぎもう》すとなす。実に敢えて心服せず、と。

太宗、これを納《い》る。（巻二、納諫篇直諫附）

貞観十一年に、役人が高官の凌敬*を非難して、他人から金品を得ていると訴えた。太宗は側近の魏徴らを、思慮もなく人を推挙したとして責めた。

これに対し、魏徴は次のように答えた。「陛下から人についてご下問があるたびに、私たちは常に詳しくその長短を述べてきた。学識豊かで、強く諫言するのは凌敬の長所。贅沢を愛し、利得を好むのは彼の短所。今、彼は人の為に碑文をつくり、漢書の読み方を教え、その見返りとして報酬を求めている。これは私たちの申すところと同じではない。陛下は彼の長所を用いず、ただその短所だけを見て、私たちが欺きだましていると言われる。到底、それに心服することはできません」と。

太宗は魏徴の進言を受け容れた。

驚くほど強い信頼によって結ばれた君臣間の問答を読んで、私は『論語』にある次の一節を思い出した。

◉一人に完璧を求めない

周公、魯公《ろこう》に謂いて曰く、君子はその親を施《す》てず、大臣《たいしん》をして以《もち》いざるに怨みしめず、故旧大故《こきゅうたいこ》なければ、則ち棄てず。備を一人に求むることなかれ。(微子編)
周公旦*は兄の武王を助け、殷《いん》を滅ぼして周王朝を建国した。孔子が、文化の体現者として最も尊敬した人物である。魯国を与えられたが、魯公として現地に赴いたのは、息子の伯禽《はくきん》*であった。

その魯公に対して、父である周公旦が施政の基本を懇篤に次のように教えた。「上に立つ者はその親族のことを忘れず、重臣には用いられなくとも怨みを抱かせないようにし、昔からの知己友人はよほどのことがない限り見捨てることなく、人を使うには一人に完璧を求めてはいけない」と。一人で何もかも兼ね備えているような者はいないのだから、多くの信頼できる部下とともに力を合わせて政治をやりなさいと教えたのである。

人は時によって、味方になったり敵になったりする。そうした修羅場をくぐり抜け、人情の機微を知り尽くし、多くの人々の協力を得て、大業を為した人ならではの言葉ではあるまいか。

◉問答が教えるもの

金品への執着の強さは、度が過ぎると様々な犯罪の元となる。公的な立場にある者は、昔も今も変わりなく、よほど身辺を綺麗《きれい》にしておかなければならない。まあ、これくらいならよいだろうというような心の弛《ゆる》みが、取り返しのつかない不祥事を招く因となる。本人はそれで地位や名誉を失っても自業自得といえるが、人心が為政者から離れて国が崩壊することもあり得る。まさに蟻《あり》の一穴で、油断大敵である。迷惑を受ける人々には耐え難い事態となるだろう。そうなってからではもう遅い。太宗が魏徴等に「大丈夫か」と、危惧の念をあらわに咎《とが》めたのも為政者として尤《もっと》もなことであった。

魏徴は、太宗の危惧を十分に承知した上で、個人的な欲望が許容範囲の中にある限りは、その者の長所を活かして使うべきだと答えたのである。進言する魏徴も勇気があるが、これを受け容れた太宗の度量にも敬服するほかはない。

人を推挙してもトップリーダーが狭量で、推薦された者の長所を見ず、欠点のみをあげつらって排除することになれば、新たに推挙する者はいなくなる。このようにして独裁者が裸の王様となり、組織は衰退の道をたどり始めるのだ。

人や組織の長所や強みを活かせば、自由闊達な風土が生まれ、チームワークが育って全体が活性化し、短所も自ずから消えていく。短所を除くだけでは、先々の大きな成長は期待できないものである。組織の長所を的確に認めて伸ばし、備わるを一人に求めず、辛抱して人を生かす道を求めるのが、組織を発展させようとする真のリーダーの務めではないかと私は思う。

凌敬　高官。初めは中国河北のほぼ全域を領有する夏を建国した竇《とう》建徳に仕えた。

周公旦　中国、周の政治家。文王の子。名は旦。兄の武王を助けて殷《いん》を滅ぼし、武王の死後、幼少の成王を助けて王族の反乱を鎮圧。また、洛邑（洛陽）を建設するなど周王室の基礎を固めた。礼楽・制度を定めたといわれる。儒家の尊崇する聖人の一人。生没年未詳。（大辞泉）

伯禽　周公旦の子。周公旦はその功績により魯（山東省曲阜）に封ぜられたが都にとどまって周王を補佐し、息子の伯禽が初代の魯公となった。管叔《かんしゅく》、蔡叔らの反乱を討伐した。

明君と暗君はどこが違うか

リーダーの理想像は古来、的確な判断力と衆望ある人物を指す。しかし、傑出した才徳兼備の域に達するのは、人として決して容易なことではない。どうすればよいか。永遠の課題であるが、次の君臣問答に重要なヒントがあると思う。

◉明君は兼聴《けんちょう》――人の意見をよく聴く

貞観二年、太宗、魏徴《ぎちょう》に問いて曰く、何をか謂いて明君・暗君となす、と。徴対《こた》えて曰く、君の明らかなる所以《ゆえん》の者は、兼聴すればなり。その暗き所以の者は、偏信《へんしん》すればなり。詩に云わく、先人言える有り、芻蕘《すうじょう》に詢《と》う、と。昔、堯舜《ぎょうしゅん》の治は、四門を闢《ひら》き、四目を明らかにし、四聰《しそう》を達す。ここをもって聖照らさざるはなし。故に共鯀《きょうこん》の徒、塞ぐを得る能わざりしなり。靖言庸回《せいげんようかい》、惑わす能わざりしなり、と。

（巻一、君道篇第二章）

貞観二年、太宗は魏徴に問うた。「明君と暗君との違いは何か」と。

魏徴はこれに対し、「明君は兼聴し、暗君は偏信する」と答えた。兼聴とは多くの人の意見を聴いて良いものをとり入れること、偏信とは片寄った意見だけを信ずることをいう。続いて魏徴は次のように述べた。「『詩経』にあるように、昔の賢者は草刈りや木こりの意見をも聴いた。聖天子であった堯や舜の時代*には、四方の門を開いて賢才の来訪を待ち、四方に心を配って目や耳を塞がないようにした。その政治のあり方は国の隅々までを照らしたので、邪悪な輩もその明を塞ぐことができなかった。堯舜は、共や鯀*のような言葉巧みで実行の伴わない者に、惑わされることはなかった」と。

さらに魏徴は、偏信によって国を失った先例を三つ挙げた。

◉暗君は偏信——お気に入りの声しか聴かない

秦《しん》の二世は、則ちその身を隠蔵《いんぞう》し、疎賤《そせん》を捐隔《えんかく》して趙高《ちょうこう》を偏信し、天下潰叛《かくはん》するに及ぶまで聞くを得ざりしなり。梁《りょう》の武帝は朱异《しゅい》を偏信して、侯景兵を挙げて闕《けつ》に向うも竟《つい》に知るを得ざりしなり。隋の煬帝《ようだい》は虞世基《ぐせいき》を偏信して、諸賊城を攻め邑《ゆう》を剽《かす》むるも、また知るを得ざりしなり。故に人君、兼ね聴きて下を納るれば、則ち貴臣擁蔽《ようへい》するを得ずして、下情必ず上通するを得るなり、と。太宗その言を甚だ善しとす。

「秦の二世皇帝*は、宮中の奥深くに身を隠し疎遠で身分の低い者を隔て、宦官《かんがん》*趙高*を偏信し、人民が逃散し謀反が起こっても知り得なかった。梁の武帝*は朱异*を偏信し、侯景*が挙兵し攻めてきても知り得なかった。隋の煬帝は虞世基*を偏信し、諸賊が城を攻め地方を略奪しても知り得なかった。ゆえに、人君が多くの人の意見を聴き下の者の言を納れれば、寵臣でも天子の耳目を塞ぐことはできない。そうなれば、世の実情は必ず上に達するのです」と。

太宗は魏徴の言を全面的に肯定した。

◉度量と諫言

太宗と魏徴らとの密度の高い君臣関係は、名治世として称えられる「貞観の治」を生んだ。何がそれを可能としたのか、私は次のように考える。

一、志　：君臣は、建国の辛苦の中を生き抜いて揺るぎのない信頼関係を結び、国家の持続可能性に対する熱い志を共有した。

二、度量：太宗は、諫言を聴き容れる度量、強い自制心、人を観る眼を培い、自分をスーパーマンとは考えず生涯学び続ける謙虚さがあった。

三、諫言：臣下には、修羅場をくぐり抜けながらも歴史や詩文に通じた者が多く、国家滅亡の先例を反面教師とし、命がけで諫言した。

この三要素が渾然《こんぜん》一体化して、貞観の治が生まれた。しかも初心を忘れず、貞観年間の最後まで貫き通したことは特筆に値する。このようにして、唐朝三百年（六一八〜九〇七年）の礎が築かれたのである。

上下の一体感と志の共有は、音楽でいう通奏低音*のように『貞観政要』全巻を通じて鳴り響いている。

いかに部下が諫言しても、上長が狭量で聴く耳を持たなければ、そのうち誰も物を言わなくなる。トップに人を観る眼があれば、適材を見出して適所に人事配置を行い、やがて風通しのよい組織風土が生まれ、骨太の部下も育っていく。部下だけではない。地域社会、株主、取引先など多くのステークホールダーの声を聴こうとしなくなったときに、リーダーは裸の王様となり、組織は凋落《ちょうらく》への道を歩みだす。今こそ兼聴と偏信の言葉の重みを再考し、太宗の度量の大きさと謙虚さに学ぶときではないかと私は思う。

堯や舜の時代　中国古代の伝説上の聖天子帝王、堯と舜。堯の後を舜が継いだ。徳をもって理想的な仁政を行い、後世の帝王の模範とされた。

共や鯀　中国古代の伝説上の人物、共（共工）と鯀《こん》。共工は堯・舜時代の悪人。帝王の堯は共工が言葉は巧みだが行為は正しくなく、天を侮っているため、用いるに値しないと退けた。鯀は。夏の禹《う》王の父。黄河の治水を任されたが、9年経っても洪水がおさまらず処刑されたとされる。

秦の二世皇帝　［前２２９～前２０７］秦始皇帝の次子。名は胡亥。暗愚な君主とされ、苛政によって民衆の不満を高め、在位3年で側近の趙高によって自害に追い込まれた。趙高が胡亥を見限る際、鹿を献上して馬だと言い、群臣の反応を見て自らへの支持不支持を確認した故事は「馬鹿」の語源の一つといわれる。

宦官　中国や東洋諸国で、貴族や宮廷の後宮に仕える去勢された男子。中国では政権に大きな影響力を持った。

趙高　［？～前２０７］中国、秦の宦官《かんがん》。趙《ちょう》（河北省）の人。始皇帝の死後、丞相の李《り》斯《し》と謀り胡亥《こがい》を2世皇帝に擁立。のち李斯を殺し丞相となって権力を振るい、胡亥を殺し子嬰《しえい》を帝としたが、子嬰によって殺された。（大辞泉）

梁の武帝　［４６４～５４９］中国、南朝の梁《りょう》の初代皇帝。在位５０２～５４９。廟号、高祖。姓名は蕭衍《しょうえん》。南斉を滅ぼし、梁を建国。仏教史上での黄金時代を作ったが、侯景の乱にあい、争乱の中で病没。（大辞泉）

朱异　武帝は朱异の意見に従って、侯景を受け入れ大将軍にしたが、後に侯景に迫られて台城で餓死した。

侯景　［５０３～５５２］中国、六朝梁の将軍。字《あざな》は万景。はじめ北魏に仕えたが、梁の武帝のもとにはしる。のち反し、建康（南京）を陥落させて、自ら漢帝と称したが、まもなく、王僧弁らに敗れた。（日本国語大辞典）

虞世基　隋の煬帝に仕えて内史侍郎となり、朝政をつかさどる。煬帝が諫めても無駄であることを知り、保身のため煬帝に迎合し、周囲に恨まれて、隋の官僚、宇文化及の変で殺された。弟の虞世南は太宗に仕えた。

通奏低音　バロック音楽の演奏で、途切れずに奏される低音声部。チェンバロなどの奏者が、低音旋律と和音を示す楽譜に書かれた数字に基づいて即興的に和音を補いながら伴奏部を弾くこと。比喩として常に底流としてあり全体に影響を与える考えや主張。

安きにあって危きを思う

これは、成功体験に溺れがちなリーダーへの痛言といえる。太宗と魏徴《ぎちょう》との問答を読んでみよう。テーマは、天下を保つことの難しさであった。

◉順調なときほど気を引き締めよ

貞観十五年、太宗、侍臣に謂いて曰く、天下を守ること難《かた》きや易《やす》きや、と。侍中《じちゅう》魏徴対《こた》えて曰く、甚だ難し、と。太宗曰く、賢能に任じ、諫諍《かんそう》を受くれば則ち可ならん。何ぞ難しとなすと謂わん、と。徴曰く、古《いにしえ》よりの帝王を観るに、憂危《ゆうき》の間に在るときは、則ち賢に任じ諫《いさめ》を受く。安楽に至るに及びては、必ず寛怠《かんたい》を懐《いだ》く。安楽を恃《たの》みて寛怠を欲すれば、事を言う者、ただ兢懼《きょうく》せしむ。日に陵《りょう》し月に替《たい》し、もって危亡に至る。聖人の安きに居りて危きを思う所以は、正にこれがためなり。安くして而《しか》もよく懼《おそ》る。あに難しとなさざらんや、と。（巻一、君道篇第五章）

太宗：天下を守ることは難しいか、易しいか？

魏徴：たいへん難しい。
太宗：賢人英才を任用し、直言を聴けばよい。なぜ困難だと言うのか？
魏徴：昔の帝王を観るに、危機に際しては賢人を挙げてよく諫言を聴くが、平和で豊かになると心に緩みが生ずる。君主が安楽に身を委ねて安逸を求めれば、臣下もあえて君主の耳に逆らう言を吐かなくなる。国勢は月日を追って衰え、ついには滅亡に至る。そういう例がいかに多かったか。聖人が「安きに居りて危きを思う」のはこのためで、安泰で順調なときほど懼《おそ》れ慎まねばならない。それが、守成を困難と述べた理由です。

魏徴が言う居安思危は、遙《はる》か昔の『易経*』（繋辞下伝《けいじかでん》）や『春秋左伝*』からの引用である。

◉変化とその法則

国も会社も個人も、いつも良いときばかりとは限らない。順風満帆のときもあれば、苦しい逆境のときもある。順境にあっても驕り高ぶることなく、逆境にあってもめげずに希望を持とうと、古人は繰り返し説いている。

窮まれば変ず、変ずれば通ず、通ずれば久し。（『易経』繋辞下伝）

物事は頂点に達すると変化し始める。変化すると新しい局面が開ける。そうして生まれた新しい状況が久しく続く。それが頂点に達したときに、また新しい変化が現れて循環する、というのである。

一国や企業の禍福も、あざなえる縄のように変転してやまない。そこに何らかの法則はないのかと考え、栄枯盛衰の歴史の中から教訓を得て、生まれたのが『易経』であった。変化には何らかの法則がある。そうであれば、「君子は占わず」と古来言われる通り、筮《ぜい》竹《ちく》を手にした占いに頼る必要はない。

◉転機を示す兆し

困難な時代ほど耳にするのが、「危機（ピンチ）を好機（チャンス）に」である。だが、実現するのは口で言うほど簡単ではない。それは危機と好機の間には「転機」があって、それに気がつかなければ単なる掛け声に終わるからだ。チャンスの神様は前髪しかないから、気がついたらすぐにつかめと言うように、「後の祭り」となってしまうことが多いのである。

では何に気づけばよいのか。それは、何よりも現場に現れる「兆し」を把握することである。すなわち――

一、物事の変化には、必ず兆しが現れる。始めは小さく段々大きく。
二、その兆しは現場主義に徹すれば必ず誰にでも見え、そして聞こえる。
三、兆しを早い段階に捉えて、良い芽は育て、悪い芽は摘んでいく。
四、時機を逸すると、好機を失い、不祥事など悪い結果を招く。

例えば、盛土の崩落や様々なコンクリート構造物の崩壊によって、大きな人身事故や物損が発生することがあるが、その原因を調査検討する際に軽視されやすいのが、必ずあったはずの「兆し」の存在である。再発防止策を進めて徹底することは当然だが、それと併せて「兆し」を察知し得る現場主義の徹底が重要だと私は信じている。

リーダーは目標を掲げ、率先して力を尽くす。その力量は、まずは目前の現象の中に小さな兆しをつかむことと、それだけではなく、遠くを全体的に見ることができるかどうかにかかっている。そのためには――

一、自ら現場主義に徹し、できるだけ現場に足を運び自ら体得する。
二、足りない分は、より現場に近い職員の耳目を信任し動員する。
三、そのため、上下の一体感と風通しのよい組織風土を平素からつくる。

四、一番大事なことは、長期的に・幅広く・抜本的に会社のあり方を考え続ける。このため、日々独り静かな時間を持って自ら省みる。

如何であろうか。経営に奇手はないと、ささやかな体験から私は思う。本道を歩むことが、遠回りのようでも一番の近道ではないかと思うのである。

易経　36ページ参照。

春秋左伝　『春秋』の注釈書。30巻。魯《ろ》の左《さ》丘明《きゅうめい》著と伝えられる。春秋三伝の一。歴史的記事に富み、説話や逸話を多く集め、また、礼制に詳しく国家興亡の理を説く。左伝。左氏伝。（大辞泉）

弓の良否を名人に聴く

太宗は父高祖を助けて戦場を駆けぬけ、弓矢をもって群雄を倒して唐の建国を果たした。貞観の初めに良い弓を得たと喜び、弓づくりの専門家に見せたところ、これはダメだと言われて、自らの無知を深く反省したのである。

◉プロの厳しい鑑定眼に愕然《がくぜん》

貞観の初め、太宗、蕭瑀《しょうう》に謂いて曰く、朕《ちん》、少《わか》きより弓矢を好む。自ら謂《おも》えらく、能《よ》くその妙を尽くせり、と。近ごろ良弓十数を得、以て弓工に示す。工曰く皆、良材に非ざるなり、と。朕、その故《ゆえ》を問う。工曰く、木心《ぼくしん》正しからざれば、則ち脈理《みゃくり》皆邪《よこしま》なり。弓、剛勁《ごうけい》なりと雖《いえど》も、箭《や》を遣《や》ること直からず。良弓に非ざるなり、と。

（巻一、政体篇第一章）

太宗は貞観初年、高官の蕭瑀*に語った。「私は幼少の頃から弓矢を好み、弓のことなら奥義を極めたと自負していた。近頃良い弓を十数張入手したので、弓づくりの名人に見せたところ、彼は『全て良材ではない』という。理由を問うたら答えはこうであった。『弓の木の心が真っ直ぐでないので、木の筋目が皆曲がっている。剛弓ではあっても、矢が真っ直ぐに飛ばないから、良弓ではないのです』」と。

◉太宗、治世の未熟さを猛省

朕、始めて悟る。朕、弧矢《こし》を以て四方を定め、弓を用うること多し。しかるになおその理を得ず。いわんや、朕、天下を有《たも》つの日浅く、治を為すの意を得ること、固《もと》より未だ弓に及ばず。弓すらなお之《これ》を失す。何ぞいわんや治においてをや、と。

蕭瑀に対して太宗は、続けて次のように語った。「私は初めて悟った。自分は射術に優れ、弧（木製の弓）と矢で四方の群雄を撃破してきた。だが名人に指摘されて、やっと弓がどうあるべきものかに気づいた。振り返って自分は天子となってまだ日が浅い。治世の本質を知ることは、弓の経験や知識にも及ばないはずだ。その得意の弓でさえ見方が間違っているのだから、政治のあり方については自分は何も知らないに等しい」と。

それからの太宗は見識豊かな者の見方を尊重しようと猛省し、思い込みを廃して世情を知ることに努め、侍臣たちの意見に昼も夜も耳を傾け、ともに語らって治世に過ちのないように努めたのである。

◉専門家の意見を尊重――後藤新平

一つ、興味深い逸話がある。

明治三一年に後藤新平*が台湾総督府民政長官になったとき、日本の風習を強制してはならない、住民の文化や慣習を大切にすべきだと考え、京都大学の織田万教授*(行政法)に調査を依頼した。織田教授は、台湾の習俗を調べるには中国古代にまで遡って調査する必要があるとし、多くの少壮学者を動員して、『周礼《しゅらい》』(周時代の官制を記したもの)をも研究して大部の報告書をまとめた。後藤新平はそれに基づいて、施政に過ちなきを期したのである。

原田種成『貞観政要』(明徳出版社)にある逸話である。原田氏の恩師も台湾の調査に参画した少壮学者の一人だったという。なお、原田博士の大著『貞観政要　上・下』(明治書院)は、拙稿の底本として使わせて頂いている。

◉ささやかな体験から

私自身も中日本高速道路(NEXCO中日本)に勤務した時代に、専門家にたいへん助けられた。二〇〇六年に同社の会長CEOに就任して間もなく、有識者による環境問題懇談会（一年後にCSR懇談会と改称）を設けた。地域社会・自然環境と高速道路との共生が課題であった。メンバーは稀少《きしょう》動植物の研究家、経済史学者、芸術家、企業経営者、建築家、ジャーナリストなど多岐にわたり、例えば新東名や、飛騨《ひだ》トンネル（土《ど》かぶり＊一〇〇〇メートル、全長一一キロメートル）など難工事の現場を視察の上、率直なご意見を伺ったのである。自然環境の保全、美観の維持、道路の安全性と利便性、産業経済への波及、地域社会への様々な影響などあらゆる角度から論議を重ね、教えられることが多かった。とりわけ、社会インフラとしての高速道路は、広範な地域社会に支えられて初めて生まれ、かつ育つものであって、建設事業者だけのものではないことについて、経営者としての確信を深めることができた。

世に専門家会議は多いが、成功するには欠かせない条件がある。深い見識と経験の持ち主を集めることは当然として、社会インフラについて言えば、大自然には人智《じんち》の及ばないものがあることを謙虚に認め、その上で「誰が正しいかではなく何が正しいか」を基準に判断することが必要だと私は思う。

ちなみに、東海北陸道の飛騨トンネルは二〇〇八（平成二〇）年に開通したが、当初の予定より何年も遅れる結果となった。予期しない軟弱な地層にぶつかり工事が難航したからである。現代最高の科学技術をもってしても、地下一〇〇〇メートルの地層の状況を完全把握することはできなかったのであり、人は「何でも知っている」と傲慢《ごうまん》になってはいけないと教えられた出来事であった。

蕭瑀　中国の南朝梁の昭明太子蕭統の曾孫。明帝の子。唐の高祖に仕え、貞観の初め御史大夫となり、朝政に参与した。人の短所を容赦しなかった。名門の出身だけに太宗の部下とはしばしば対立した。

後藤新平　［1857～1929］政治家。岩手の生まれ。満鉄初代総裁となり、植民地経営に活躍。逓信・内務・外務各大臣、東京市長などを歴任。また、関東大震災直後の東京の復興と、日ソ国交回復に尽力した。（大辞泉）

織田万　［1868～1945］京都帝大教授などを務め、行政法学の開拓者として大きな功績を残した。第一次世界大戦後の国際連盟時代に、ハーグの常設国際司法裁判所判事として活躍した。貴族院勅選議員。帝国学士院会員。

土かぶり　建築用語で、トンネルや暗渠《あんきょ》のように地中に埋設される構造物の上端から地表面までの土砂や岩盤の厚さをいう。（デジタル大辞泉）

樹木を植えるように国を治めよ

太宗にとって前王朝の隋は、文字通りの反面教師であった。父高祖とともに闘う中で、隋が滅亡に至った原因を直視し、それを肝に銘じて生涯の自戒とした。太宗は、乳母日傘の二代目ではなかったのである。

◉贅沢と搾取——隋滅亡の原因

貞観九年、太宗侍臣に謂いて曰く、往者《おうしゃ》初めて京師《けいし》を平げしとき、宮中の美女珍玩《ちんがん》、院として満たざるはなし。煬帝《ようだい》は意なお足らずとし、徴求已《ちょうきゅうや》むなし。兼ねて東西に征討し、兵を窮《きわ》め武を黷《けが》す。百姓堪《ひゃくせいた》えず、ついに滅亡を致せり。（巻一、政体篇第十章）

貞観九年に、太宗は侍臣たちに語った。「昔のことだが、隋の都・長安を平定したとき、宮殿には美女が溢れ、珍しい財宝が山と積まれていた。それでも煬帝は飽きたらず、租税などの取り立てをやめず、東に西に征伐の軍を起こして、武力を恣《ほしいまま》にし、理由のない戦争で武徳をけがした。人民は重税と戦争の苦しみに堪えきれず、反乱を起こし、ついに国を滅亡させるに至った」と。
言葉を継いで、太宗は次のように語った。

◉根がしっかりすれば枝葉は茂る

これみな朕の目に見る所なり。故に、夙夜孜々《しゅくやしし》として、ただ清静にして天下をして無事ならしめんと欲す。ついに徭役《ようえき》興らず、年穀豊稔《ねんこくほうじん》し、百姓安楽なるを得たり。それ国を治むるは、なお樹《き》を栽《う》うるがごとし。本根、揺《ゆる》がざれば、則ち枝葉茂盛《もせい》す。君よく清静ならば、百姓なんぞ安楽ならざるを得んや。

「この一部始終を全て、我がこの目でじかに確かめた。だからこそ私は日夜怠りなく励み、己の欲望を少なくし世の中の太平無事を願って努めてきた。その結果、今では大土木工事で使役することもなく、五穀豊穣《ほうじょう》が続き、人民の生活も安定するに至った。そもそも国を治めるのは、樹木を植えるようなものだ。根がしっかりしていれば、枝葉は自然に繁茂する。同じように、君主が無欲で身を慎めば、人々の生活が安定しないはずがない」と。

太宗が生きた時代は今から千四百年前、はるかな昔ではあるが、その説くところはリーダーの心構えとして時代を超えて生き続けている。

◉今日に生きる教訓——西郷さん

「喉元過ぎれば熱さを忘る」と言う。

自分自身のにがい体験であっても、月日とともに忘れがちになる。身につまされた思いは薄らぎ、安穏な今に溺れていく。その点、明治維新を成し遂げた西郷隆盛の言葉は『貞観政要』と軌を一にし、読者の襟を思わず正させる秋霜の厳しさがある。

萬民《ばんみん》の上に位する者、己れを慎み、品行を正しくし、驕奢《きょうしゃ》を戒め、節倹を勉め、職事に勤労して人民の標準となり、下民その勤労を気の毒に思ふ様ならでは、政令は行はれ難し。然るに草創の始に立ちながら、家屋を飾り、衣服を文《かざ》り、美妾《びしょう》を抱え、蓄財を謀りなば、維新の功業は遂げられまじきなり。今と成りては、戊辰《ぼしん》の義戦も偏へに私を営みたる姿に成り行き、天下に対し戦死者に対して面目無きぞとて、頻りに涙を催されける。（『西郷南洲遺訓』*）

西郷さんは、リーダーの私利私欲を戒めているだけではない。

「上に立つ者は職務に精励して人々の模範となり、皆に気の毒がられるほどの働きぶりでなければ、国の施策も法令も行われない」と断じている。そして、時の多くの高官たちが驕り高ぶり、奢侈贅沢に走っている実態を嘆き、維新の大義に命を捨てた先人や天下国家に対し顔向けができないと、涙したというのである。

太宗や西郷さんの説く言葉は、頭では理解しても実行する人は少ない。

その稀《まれ》な人が、現代では土光敏夫さんだったと思う。若輩ながら直接謦咳《けいがい》に接する機会があり、私はその実感を深くした。収入のほとんど全部をご母堂の創立した学校に寄付し、日々の生活は驚くほど質素で、「メザシの土光さん」（昭和五七年NHK放映）そのものだった。土光さんは、ご母堂の教え、「個人は質素に、社会は豊かに」を生涯の指針として生きた人であった。東芝の社長となって短時日の間に社員の意識が劇的に変わったのは、社長の無私、率先垂範、早朝出勤など日々の言動によるもので、飾らない人柄とともに会社の末端にまで逐一伝わってきたものだ。

西郷さんも土光さんも、庶民の心をガッチリとつかみとる力量があった。歴史上の偉人は数多く存在するにしても、今もなお二人だけが「さん」付けで呼ばれ親しまれているのは、人々の目が節穴ではないことを示す何よりの証左だと私は思う。

西郷南洲遺訓　幕末、明治維新の元勲、西郷隆盛の遺訓集。編纂したのは官軍の仇敵にあたる元庄内藩有志たち。有志は西郷のはからいにより庄内藩に寛大な処置がとられ、人格に感動して編んだ。内容はリーダーとしての心構え、自己を修めること、英雄の心構え、日常生活まで、多岐にわたる。岩波文庫版の『西郷南洲遺訓』には、西郷の私淑した幕末の碩学・佐藤一斎の『言志四録』から抜粋した、『手抄言志録』一〇一ヶ条が掲載されている。

小事にも細心の注意をはらえ

良きにつけ悪しきにつけ、世の中の大事件はみな小さな出来事にその発端がある。そのような小事に目を配り、良い芽は育て、悪い芽は摘み取ることができるかどうか、そこにリーダーの真の力量が問われる。

◉安心して存分に直言せよ

貞観六年、太宗、侍臣に謂いて曰く、古人云う、危くして持せず、顛《くつがえ》りて扶《たす》けずんば、いずくんぞかの相《しょう》を用いん、と。君臣の意、忠を尽くして匡救《きょうきゅう》せざるを得んや。朕かつて書を読み、桀《けつ》の関龍逢《かんりゅうほう》を殺し、漢の鼂錯《ちょうそ》を誅《ちゅう》するを見、未だかつて書を廃して歎息《たんそく》せずんばあらず。公等、ただよく正詞直諫《ちょっかん》して政教を裨益《ひえき》せよ。ついに顔《かんばせ》を犯して旨に忤《さから》うをもって妄《みだり》に誅責《ちゅうせき》することあらず。（巻一、政体篇第八章）

貞観六年、太宗は侍臣たちに語った。「古人は、危うく転びそうになったときに手をとって助けないのなら、付き添いなどはいらないと言った。同じように君臣の道において、臣が誠意を尽くして君の過ちを正し、国家が危難に陥るのを救わないことがあろうか。私は以前に書を読み、夏の桀王*が関龍逢*を殺し、漢の景帝*が鼂錯*を殺したことを見て、忠義の士が悲惨な運命に陥ったことを哀しみ、本を置いて歎息しなかったことはない。公等よ、正しいと信ずることを遠慮なく直言し、政治教化に役立ててほしい。君主が嫌な顔をしても、その意旨に逆らったとしても、みだりに罰することはしない」と。

続いて、太宗は次のように語った。

◉大事はみな小事より起こる

朕、このごろ朝に臨みて断決するに、また律令に乖《そむ》く者あり。公等、もって小事となし、ついに執言せず。およそ大事はみな小事より起る。小事、論ぜずんば、大事またまさに救うべからざらんとす。社稷《しゃしょく》の傾危、これに由らざるはなし。隋主残暴にして、身、匹夫の手に死し、率土《そっと》の蒼生《そうせい》、嗟痛《さつう》するを聞くこと罕《まれ》なり。願わくは、公等朕がために隋氏の滅亡の事を思い、朕、公等がために龍逢、鼂錯の誅を思い、君臣保全せば、あに美ならずや、と。

「最近私は朝廷で裁決して、法令の定めに違反するものを散見する。ところが公等は、小事だからと不問にして意見を言わない。全て大事はみな小事から起こる。小事を放置すれば大事件となり、大事となってからでは取り返しがつかなくなる。国家が傾く危険の発端はここにある。隋の煬帝は残酷暴虐であったから、名もない者の手で殺され、天下の人々が悼み悲しんだとはほとんど聞かなかった。どうか公等は、私に隋の二の舞をさせないでほしい。私は公等に、忠誠な龍逢や鼂錯の二の舞をさせない。このように君臣相携えれば、必ずや治世の安定を図ることができよう」と。

◉小事にも、急所と瑣事《さじ》がある

思うに、同じ小事でも大切な小事と些末《さまつ》な小事とがある。

大切な小事とは物事の急所であり、いずれは大事となる可能性を秘めている。些末な小事は大勢に影響せず、いずれは泡のように消えていく。

優れた上司は、大切な小事を見逃さない。

小さくても、そこに物事の本質や急所があることが分かるからだ。日頃から研鑽《けんさん》を怠らず、見聞を広め、経験を積み、高い見識と鋭い直感を養っている賜物である。部下からの信頼も厚く、職場は活性化する。

「神（真理）は細部に宿る」という西欧の箴言《しんげん》がある。

S・ジョブズが引用して有名になったが、この細部こそが大切な小事、おろそかにしてはならない急所なのだと私は思う。

これに対してダメな上司は、些末な小事に拘り、重箱の隅をつつき回して忙しがる。自分は誰よりも優れている、と思い込んだ自信過剰なタイプにこの手が多い。イエス・マンが上司を取り囲むようになるから、心ある部下は自発的に意見を言わなくなる。こうなっては、組織力が衰退するのは必定である。

この頃世の中の不祥事を見て気になるのは、当事者が語る言い訳の弁だ。「前からやってきたからそのまま続けた」「部下が、秘書が勝手にやった」「自分は指示していない」「組織的介入はない」等など。正邪善悪の感度が鈍り、責任転嫁が蔓延《まんえん》し、自発的な思考力の消失を示す何よりの証拠ではあるまいか。

木を見て森を見ないのも、森を見て木を見ないのもよくない。

真のリーダーは、全体を見る高い見識と日常を見る現場感覚の両方を養う必要がある。リーダー自らが「何が正しいか」という判断基準を保ち、企業の将来像を示す経営理念を確立し、現場主義に徹して率先垂範するならば、組織風土は一変し、その総合力は飛躍的に向上するものと私は思う。

夏の桀王　中国、夏の末代の王。名は癸。暴虐無道の王で、殷の湯王に亡ぼされた。殷の紂王と並ぶ暴君の代表。夏桀。（日本国語大辞典）

関龍逢　夏王朝末期の賢臣。桀王の長夜の飲酒を諫めて殺された。

景帝　［前189〜前141］前漢第6代の皇帝。姓名は劉啓。鼂錯《ちょうそ》の言を容れ、諸侯王の領土を削減したことから、前154年に呉王劉濞《りゅうび》、楚王劉戊ら七王が呉楚七国の乱を起こした。これを鎮圧し、中央集権体制が実質的に確立した。

鼂錯　［?〜前154］中国、前漢の政治家。潁川《えいせん》郡（河南省）の人。景帝のとき、御史大夫。中央集権制確立のため、諸侯の土地を削らせたことから、呉楚七国の乱を招いて処刑された。（大辞泉）

周りをイエスマンにしない

強いリーダーが長くその地位にとどまると、とかく遠慮、恐れ、忖度《そんたく》などが働き出して、部下は物を言わなくなる。

リーダーはお山の大将となり、世の中の動きが見えなくなり、そのうち道を誤ることになる。こうした危険は、昔も今も変わらないようだ。

◉なぜ部下は意見を言わないのか？

貞観十五年、太宗、魏徴《ぎちょう》に問いて曰く、此来《このごろ》、朝臣すべて事を論ぜざるは何ぞや、と。徴対《こた》えて曰く、陛下、心を虚《むな》しくして採納《さいのう》す。誠に宜しく言者有るべし。然れども古人云う、「いまだ信ぜられずして諫《いさ》むれば、則ち謂いて己を謗《そし》るとなす。信ぜられて諫めざれば、則ち謂いてこれを尸禄《しろく》となす」と。ただ、人の才器は各々同じからざる有り。懦弱《だじゃく》の人は忠直を懐《いだ》けども言うこと能わず。疎遠の人は信ぜられざることを恐れて言うを得ず。禄を懐《おも》う人は身に便ならざることを慮《おもんぱか》りて、あえて言わず。相とも

に緘黙《かんもく》し、俛仰《ふぎょう》して日を過す所以なり、と。（巻二、求諫篇第六章）

貞観十五年、貞観の治も軌道に乗った頃、太宗は魏徴に「近頃朝臣が意見を言わなくなったのはなぜか」と尋ねた。魏徴は答えた。「陛下は公平無私の心で臣下の意見を聞いてきました。だから、どんどん意見具申する者があっても当然です。しかし、古人も『信用されていないのに諫めれば、あら探しをすると思われる。信頼されているのに諫めないのは禄盗人だ』と言っている。ただ、人の才能はみな同じではない。意気地のない者は、心で思っていても口には出せない。親しくない者は、嫌われることを恐れて黙っている。地位に恋々とする者は、それを失うことを恐れて何も言わない。こうして周りは、上の顔色を窺《うかが》うイエスマンばかりとなるのです」と。

◉胸襟を開いて聴く

太宗曰く、誠に卿《けい》の言のごとし。朕《ちん》毎《つね》にこれを思う。人臣諫めんと欲すれば、すなわち死亡の禍いを懼《おそ》る。かの鼎鑊《ていかく》に赴き、白刃を冒すとまたなんぞ異ならんや。故に忠貞の臣は誠を竭《つく》さんと欲せざる者にはあらず。敢て誠を竭す者はすなわちこれ極めて難し。禹《う》が昌言《しょうげん》を拝せし所以は、あにこれがためにあらずや。朕、今、懐抱《かいほう》を開きて諫諍《かんそう》を納る。卿等、怖懼《ふく》を労して、遂に極言せざることなかれ、と。

太宗は言った。「本当にそなたの言う通りである。私はいつもそのことを考えている。臣下が君主を諫めるときには、死すら覚悟する。それは、釜ゆでの刑場に赴き、敵軍に突入するときの思いと少しも違いがない。忠義の臣は諫言しようと望まないのではないが、実際には進んで誠意を尽くす者は少ない。夏の禹王《うおう》*が道理に適った言葉を臣下から聞くたびに、敬意を表して拝聴したのは、このことが理由だったのではあるまいか。私は心を開いて、直言を受け容れるつもりだ。皆も無用の心配をせずに、遠慮なく意見を述べてほしい」と。

◉組織風土とリーダーの度量

絶対王政の時代には、君主は臣下に対して生殺与奪の権を持っていた。現代でも、組織のトップ・リーダーの権限は絶大である。そうした中で、自由に意見の言える、闊達な組織風土はどうすればつくれるのか。

『貞観政要』を読んで感服するのは、太宗の度量の大きさである。玄武門の変の直後に敵の参謀・魏徴を懐に容れた雅量は、測りがたいほどだ。

度量とは、人を容れる器の大きさである。度量の大きなリーダーの下では、部下は育ち職場は活性化する。逆に聴く耳を持たず、思い込みに固執するリーダーでは、職場の灯はたちまち消える。組織風土は、リーダー次第なのだ。

度量を大きくすることは人格形成という課題そのものであり、道のりは長く険しい。だが、人は苦しい経験を数多く積む中で見識を高め、人の気持ちが分かるようになり、秘められた自分の無限の可能性にも気づくようになる。誰しも天性として与えられた内なるダイヤモンドが、光を放ち始めるのだ。いくつになっても天狗《てんぐ》にならず、自分の小ささを反省する謙虚さを持ち、生涯学び続ける努力を惜しまない人は、どこまでも大きくなれるのである。

直近の部下に限らず、現場からの意見は貴重である。積極的に採用すれば、勇気づけられて新しい提案が増えていく。改善活動は、昔は無かった現代ならではの意見具申の形と考えることができる。それらを正しく評価し奨励するためにも、トップ・リーダーは率先して現場を廻《まわ》り、現場主義に徹する必要があると私は思う。

夏の禹王　中国古代、夏《か》王朝の始祖とされる伝説上の帝王。姓は姒《じ》、名を文命ともいう。父鯀《こん》の業を継いで治水に成功。舜《しゅん》から帝位を譲られた。夏禹。（大辞泉）

広く優れた人材を起用する

組織の安定と発展は、人材の有無にかかっている。それは分野を問わず、政府も企業もＮＰＯも皆同じである。太宗もこのことを深く憂え、貞観の初めに早くも宰相に広く賢者を求めるよう促した。

◉賢者をもっと推挙せよ——太宗

貞観二年、上《しょう》、尚書右僕射《しょうしょうぼくや》封徳彝《ほうとくい》に謂いて曰く、安きを致すの本は、ただ人を得るにあり。此来《このごろ》、卿《けい》をして賢を挙げしむるに、いまだかつて推薦するところ有らず。天下の事は重し。卿、よろしく朕が憂労《ゆうろう》を分つべし。卿すでに言わずんば、朕《ちん》はたいずくにか寄せん、と。（巻三、択官篇第三章）

貞観の治が始まって間もない二年に、上（太宗）は、宰相の封徳彝*に対して次のように求めた。「治世の安定の根本は、人材を得るところにある。先頃そなたに賢才の推挙を命じたが、今もって推薦がない。天下の政治は重大で、一刻も忽《ゆるが》せにはできない。その苦労を私と分かち合ってほしい。そなたの協力がなければ、私は誰を頼りにすることができようか」と。

徳彝は答えた。

◉探しても人材がいない――宰相

対えて曰く、臣愚《しんぐ》あにあえて情を尽くさざらんや。ただ今の見るところ、いまだ奇才異能有らず、と。

「私は至らぬ者ですが、ご期待に応えようと精魂を尽くしています。ただ、今の世には、衆に抜きんでた才能の持主が見当たりません」と。今の時代には人がいない、と宰相は言上したのである。

ちなみに、徳彝は前代の隋王朝に仕えたが、高祖に下って唐王朝に仕えることになり、高い行政能力を認められて宰相にまで登った。史書によれば硬骨さに欠けていたと言われている。

悲観的な宰相の意見に対して、太宗は何と述べたか。

◉いつの世にも必ず人はいる――太宗

上曰く、前代の明王、人を使うこと器のごとくす。才を異代に借らずして、皆、士を当時に取る。あに傅説《ふえつ》を夢み、呂尚《りょしょう》に逢《あ》うを待ちて、然る後に政をなさんや。何の代か賢なからん。ただ遺《のこ》して知らざるを患《うれ》うるのみ、と。徳彝、慙赧《ざんたん》して退く。

太宗は次のように語った。「古来の名君たちは、あたかも器を用いるように人材を器量に応じて適材適所に起用した。しかも、当代に人を求めたのである。殷《いん》の高宗が傅説*を夢に見、周の文王が渭水《いすい》のほとりで太公望*・呂尚に出会うというような奇跡を期待し、その上で政治をするものであろうか。いつの時代にも、賢才がいないはずはない。あたら有為の人材を取り残して、気づかないだけではないのか。私はそのことが気がかりでならない」と。

徳彝は自分の怠慢を恥じ入り、顔を真っ赤にして退いた。

人を見出し、任用して存分に腕を振るわせることは、組織の存続発展には欠かせない基本中の基本である。

人材がいなくなれば、今は盛んな会社も先細りするだけである。逆に人材がいれば、今は苦境にあっても先行きは明るいといえる。経営はヒト・モノ・カネの三要素から成るとよく言われるが、ヒトは常に物事を動かす主語（主体）であり、モノとカネはヒトによって動かされる目的語（対象）に過ぎないからだ。

では、野にある遺賢を発掘するにはどうすればよいか。それは、経営トップの在りようと、その意を体して行動する部下にかかっていると私は考える。

一、トップは常に謙虚さを保ち、現場主義に徹し、衆知の結集に努める。

二、一人の人間に完璧を求めず、それぞれの特性・長所を活用する。

三、公正な評価により、学歴・性別・国籍等を問わず人材を抜擢《ばってき》する。

四、必要な人材を社内だけでなく、常時広く国内外に求める。

トップがヒトを大切にせず、株価のみに一喜一憂し、会社を売り買いの対象としか見ないようであれば、優れた人材は集まるどころか、離れていくばかりだ。

また、人の使い方でも各々の長所を生かし、適材適所に配置し、信賞必罰を公正にすれば、闊達な風通しのよい職場が生まれ、ヒトも育っていく。自ずから長期的な企業価値も高まる。そうなれば、株主だけでなく、顧客、従業員、地域社会、取引先など企業を支える多くのステークホールダーに信頼され喜ばれる存在となろう。

経営者は自信を持たねばならないが、自分一人で何でもできると過信したときに組織の衰退が始まるものと私は思う。

封徳彝 初め隋に仕え、後、唐に降り太宗の下で尚書僕射《しょうしょぼくや》（国家の中心となる政務を担当する尚書省の大臣）となった。

傅説 『史記』によると、中国、殷の高宗がある夜、夢に「説」という名前の聖人を見、探したところ傅険という岩屋で罪人として建築工事をしているのが発見された。傅険で見つかったので傅を姓とした。高宗の宰相と伝えられ、名臣の代表とされる。

太公望 中国、周の政治家。春秋斉の始祖。姓名、呂尚。渭水《いすい》で釣りをしていて文王に見出されてその師となり、文王、武王をたすけて殷を滅ぼした。周の祖太公（古公亶父）が待ち望んでいた賢者という意味で、太公望と名づけられた。兵法の書「六韜《りくとう》」の著者という。生没年不詳。（日本国語大辞典）

上下の心が一つになっているか

リーダーと部下との間は、信頼で結ばれていなければならない。組織の目的が共有され上下が心を一つにしていれば、危機に臨んでも事態は克服できる。そうでなければ、今は平穏安泰でも長くは続かない。細心の治世を行った太宗は、どういう心構えでいたか。

◉国政と病気の治療は同じだ

貞観五年、太宗、侍臣に謂いて曰く。国を治むると病を養うとは異なるなし。病は人愈《ゆ》ゆるを覚えれば、いよいよすべからく将護《しょうご》すべし。もし觸犯《しょくはん》あらば、必ず命を殞《おと》すに至らん。国を治むるもまた然り。天下やや安ければ尤も須《すべから》く兢慎《きょうしん》すべし。もしすなわち驕逸《きょういつ》せば、必ず喪敗《そうはい》するに至らん。（巻一、政体篇第六章）

貞観五年、太宗が侍臣たちに語った。「国を治めるのと病気を治療するのとは、その心構えにおいて同じだ。病気は人が治ったと思ったときほど、一層用心して看護すべきだ。

そのときに禁制を破れば、一命を落とすことになろう。国を治めるのも同じで、天下がやや安定しているときこそ、最も懼れ慎まねばならない。そこで軽はずみにわがままに振舞えば、必ず亡びてしまうだろう」と。

◉心を一つにして事に当たろう

今、天下の安危《あんき》はこれを朕に繋《か》く。故に日に一日を慎み、休《よ》しとすといえども休しとすることなし。然れども耳目股肱《ここう》は卿《けい》が輩に寄す。すでに義、一体に均《ひと》し。よろしく協力同心すべし。事、安からざる有らば、極言して隠すことなかるべし。もし君臣相疑い、つぶさに肝膈《かんかく》を尽くす能わずんば、実に国を治むるの大害たるなり、と。

「今、天下の安危は私一人にかかっている。だから私は日々用心を重ね、いくら賞賛を受けても十分だとは思っていない。しかし、自分独りでは如何ともしがたく、公らを耳目とも股肱とも頼んでいる。公らと私は、義において一心同体である。今後とも力を合わせ、心を一つにしよう。何かが危ないと気づいたならば、言葉を尽くし隠さずに述べてほしい。もしも君臣が疑い合い、心に思うことを互いに言えなくなれば、国に大害を及ぼすことになるのだ」と。

◉トップの耳に痛い話

太宗の懸念は、現代でもあらゆる場面に当てはまるものだ。

大事は小事から起こるという。良いことも悪いこともみな同じように、最初の芽は小さいもの。良い芽でも眼をかけなければ育ちは遅いが、放置してもそれなりに立派な実を結ぶだろう。問題は悪い芽の扱い方なのだ。それが肥大化すれば、早晩社会から指弾され、しばしば組織の致命傷となる。製品の不具合、おざなりなサービス、コンクリート破片の落下、誰かへの少しだけの便宜供与、会計上の不正やごまかしなど、数えれば切りがない。

トップにとって耳に痛い話が、なぜすぐに報告されないのか。中間管理者が現場を全く掌握していない場合は論外である。権限を委譲されているので、目処が立ったら報告しようと躊躇する場合もあろう。長年の慣習として疑問を持たずに放置するケース、これは事なかれ主義の組織にありがちな現象だ。

しかし、風通しのよい組織風土がなければ、悪い話は上がってこない。嫌な話には耳を貸さず、怒鳴り散らすだけの上長では、部下は物を言わなくなる。職場に自由闊達な気風をつくるのは、上長にしかできない仕事なのだ。

◉情報の電離層をなくせ――土光さん

昭和四十年に東芝の社長となった土光敏夫さんは、上下のコミュニケーションを大事にし、それを遮る存在を「情報の電離層」と呼んだ。後に会社経営にも携わるようになった私には、関連する言葉を含めたいへん役に立った。例えば――

一、社長は偉い存在ではない。社長も社員も役割が違うだけだ。

二、報告は、立ち話でもできる。

三、部下は上長を上手に使え。チャレンジ・レスポンス経営の一つだ。

会社を存続発展させるのは社会的信用で、それを高めるには社長も社員もない。世の中のため何が正しいか、という志を共有することが先決だ。社会への感度を高めるには、現場主義に徹し、現場に立って考え行動することが必要である。土光さんはそれを率先垂範し、社員の共通認識となり、急速に全体の意識改革が進んで、当時疲弊していた会社の再建が実ったのである。

組織の崩壊は内部から起こる。中を固めて外に立ち向かえ、という教えだと私は受け止めている。

言葉の重み

心の思いは、言葉や表情に表れる。人は感情の動物と言われる。喜怒哀楽の豊かな人はまことに魅力的だが、その一方で理性がわがままやとっさの激情を制御しきれなくなって、それを露わにしたときに問題が発生する。表情はすぐに消えることがあっても、言葉は単なる失言では済まず、取り返しのつかないしこりを残すことがあるのだ。

◉言語は君子の枢機なり

貞観八年、太宗、侍臣に謂いて曰く、言語は君子の枢機なり。談何ぞ容易ならんや。およそ衆庶に在りても、一言、善からざれば、人すなわちこれを記し、その恥累《ちるい》を成す。いわんやこれ万乗の主をや。言を出すこと乖失《かいしつ》するところ有るべからず。その虧《き》損《そん》するところ、至大なり。あに匹夫に同じからんや。朕まさにこれをもって誡《いましめ》と為すべし、と。（巻六、慎言語篇第二章）

貞観八年のこと、太宗は侍臣たちに語った。「君子にとって、言葉は何よりも重要である。たやすく談論はできない。庶民の間でも、一言でも人を傷つければ、相手はそれをいつまでも覚えていて恥辱とわずらいとなる。天子においてはなおさらである。言葉が離反を生んではならない。たとえ些細な過ちでも、庶民の失言とは比較にならないほど影響が大きいからだ。私は、このことをいつも心に深く銘じている」と。

続いて、滅びた前王朝隋の愚行を例に挙げた。

◉蛍狩りを命じた煬帝

隋の煬帝《ようだい》、初めて甘泉宮に幸《こう》し、泉石、意に称《かな》う。而《しか》して蛍火《けいか》なきを怪《あやし》み、勅《みことのり》して云う。蛍火を捉取《そくしゅ》し、宮中において夜を照らせ、と。所司にわかに数千人を遣わして採《さい》拾《しゅう》し、五百轝《よ》を宮側に送る。小事すらなおしかり。いわんやその大事をや、と。

「隋の煬帝が初めて甘泉宮*に出かけたとき、庭園の風景が気に入ったが、蛍が出てこないのを怪しみ、『蛍を集めて、宮中で夜を照らせ』という勅令を発した。役人はさっそく数千人を動員して蛍を狩り集め、車五百台分の蛍を送り届けてきた。蛍のような小事でもこれほどである。まして天下の大事となれば、その影響ははかり知れない」と。

◉失言は誰の目にも歴然

魏徴《ぎちょう》対えて曰く、人君、四海の尊に居る。もし虧失《きしつ》有らば、古人以て日月の蝕《しょく》のごとく、人みなこれを見ると為す。実に陛下の戒慎するところのごときなり、と。

これに答えて、魏徴は次のように述べた。「人君たる者は、国の最も尊い存在であり、君主が過ちを犯せば、古人も語っている通り、全ての人々が日食や月食を仰ぐようにしてそれを見る。隠しおおせるものではなく、陛下が自戒し慎む心は、何よりも重要でありまず」と。

『論語』に次の一文がある。

◉駟《し》も舌に及ばず

駟も舌に及ばず。（顔淵編）

四頭だての速馬でさえ舌には追いつけない、失言は取り返しがつかない、という意味である。孔子の高弟子貢*が、ある人の軽率な発言を評した言葉である。

言葉は、とかく一人歩きしがちで、あっという間に広がっていく。

良い例が、不用意な表現で人を誹謗《ひぼう》中傷したときだ。発言の理由や前後の文脈は省略されて、それだけが勝手に動き出すのである。言われた本人は怒り狂うだろうし、周りも同調するだろう。傷跡は修復が難しいだけに、責任あるリーダーは言葉に気をつけなければならないのである。

私事にわたって恐縮だが、四十数年前に東芝本社の労働課長に任命されたとき、上長の高瀬正二専務は私を自室に呼んで訓戒された。

「君は労働組合との窓口として、一人で委員長や書記長と折衝し、その場で即決を求められる場面も出てくるだろう。その場合は自分の判断で決めてよい。私は、梯子《はしご》を外すことは決してしない。大事なことは、日頃からしっかり勉強して会社全体の動きを把握しておくことだ」と。そして「いったん歯からこぼれたものは、自ら拾う覚悟を持て」と言われた。言うまでもなく、「歯からこぼれたもの」とは自分が発した言葉を指す。軽い失言はもちろん、嘘偽りや相手を傷つけるような重い悪口・雑言を吐いたとしても、誰も助けてくれはしない。人に助けを求めるなどはもってのほかのことだ、自分で解決せよ、というのである。

第一次オイルショックの直後、労使紛争が絶えなかった頃のことで、言葉の重みを教えられ、肝に銘じて事に臨んだ。これらは、懇篤に訓戒を与えて新参の未熟な課長を奮励してくれた上長の親切なありがたい言葉として、馬齢を重ねるごとにその味わいの深さを実感している。

ちなみに高瀬さんは、土光敏夫さんの薫陶を長く直接受けた人であった。

甘泉宮　中国陝西《せんせい》省咸陽《かんよう》の北西の甘泉山にあった離宮。秦の始皇帝が造営し、漢の武帝が増築した。（大辞泉）

子貢　［前520ころ〜?］中国、春秋時代の人。孔門十哲の一人。衛（河南省）の人。姓は端木、名は賜。弁舌に巧みで、諸国を巡遊して政策を授け、魯《ろ》と衛の宰相となった。貨殖の才でも知られる。（大辞泉）

皇后の直言と内助の功

文徳皇后*は、思慮深い聡明な賢夫人であった。

表の政治向きのことには口出しをせず、権力者の周りにありがちな親族を引き上げるなどの身贔屓《みびいき》な振る舞いもなかった。しかし『貞観政要』には、死刑に処せられようとした身分の低い馬飼《うまかい》を救った次のエピソードが載せられている。

◉愛馬が死んで怒り心頭――太宗

太宗、一駿馬《しゅんめ》有り、とくにこれを愛し、つねに宮中において養飼《ようし》す。病なくしてにわかに死す。太宗、馬を養う宮人を怒り、まさにこれを殺さんとす。（巻二、納諫補篇）

太宗は、一頭の駿馬をもっていた。

ことのほかこれが気に入って、宮殿の中に飼い、身近に養うほどの可愛がりようであった。ところが、この馬が病気になったわけでもないのに、ある日ポックリと死んでしまった。さて、怒り狂った太宗は、馬係の役人を死刑にしようとした。

これを聞いた皇后が、太宗を諫めて直言したのである。

◉飼育係を殺してはいけない——皇后

皇后諫めて曰く、昔、斉《せい》の景公、馬の死するをもって、人を殺さんとす。晏子《あんし》、その罪を数《せ》めんと請いて云う。なんじ、馬を養いて死せり。なんじが罪の一なり。公をして馬をもって人を殺さしむ。百姓、これを聞かば、必ずわが君を怨みん。なんじが罪の二なり。諸侯これを聞かば、必ずわが国を軽んぜん。なんじが罪の三なり、と。公、すなわち罪を釈《ゆる》せり。陛下かつて書を読みてこのことを見たり。あにこれを忘れしか、と。

皇后は諫めて次のように述べた。「昔、斉の景公*は、愛馬に死なれ、馬飼いの役人を殺そうとしました。それを見て、宰相の晏子*（晏嬰《あんえい》）が景公に願い出て、自ら役人の罪を糺《ただ》して数え上げました。『第一の罪は、主君の愛馬の世話係でありながら、馬をむざむざと殺してしまったことだ。第二の罪は、主君がたかが馬一頭のために人ひとりを殺したと聞いたら、人々はひどいことをするものだと必ず我が君を恨むであろう。第三の罪は、天下の諸侯がこのことを知ったら、必ず愚かな君だと言って我が国を軽んじ侮るであろう。そなたの罪はこの三つだ』と。それを聞いて、景公も係の役人を赦したということです。陛下も以前この本を読んでよくご存知のはずです。よもやお忘れではありますまい」と。

斉の晏嬰は春秋時代の人で、暗君ともいわれる景公に宰相として仕え、一国の繁栄と平和をもたらした名臣である。

この馬の逸話は、『晏子春秋』の中にある。晏嬰は『論語』には一回登場するだけだが、孔子はこの人物について、「晏平仲（晏嬰）、善く人と交わる。久しくしてこれを敬す」（公冶長編）と述べている。「晏嬰は立派に人と交際し、親しくなっても常に相手を尊敬し続けた」と、その人柄に敬意を表したのである。

◉思慮の不足を反省――太宗

太宗、意すなわち解く。また房玄齢《ぼうげんれい》に謂いて曰く、皇后、庶事《しょじ》あい啓沃《けいよく》す。きわめて利益あるのみ、と。

皇后の諫めを聴いて、すぐに気づいた太宗は怒りをおさめ、飼育係の死刑処分を撤回した。そして、宰相の房玄齢*に次のように語った。「皇后は私の足りない点をよく理解し、多くのことについて適切に指摘し教え導いてくれる。きわめて有益なことで、私にとってはかけがえのない存在である」と。

太宗の愛馬をめぐるこのエピソードは、おそらく多くの人々の知るところとなり、後々まで語り継がれたのであろう。『貞観政要』が著されたのは、太宗が没して五十年後のことであった。

それにしても、琴瑟相和《きんしつあいわ》した夫婦像が目に浮かぶ。

また、一面では古代の君主が臣下に対して持つ生殺与奪の権力の大きさに驚くとともに、この蛮行を諌めた文徳皇后がいかに故事に通じていたかを思う。とっさに千年を超える昔に書かれた書物の一節が浮かぶとは、尋常のことではない。皇后はおそらく、当時としては並外れた読書家でもあったことが想像される。

夫婦のことだからもっと数多くのエピソードがあったに相違ないが、みな隠れていてほんのわずかしか公にはされていない。それらからだけでも、教養豊かな、内助の功を尽くした皇后の人柄が偲《しの》ばれる。

中国の古代史には、独裁者から妖婦に至るまで様々な女性が登場する。自ら皇帝となった則天武后、*殷《いん》の紂王《ちゅうおう》の妃・妲己《だっき》、玄宗皇帝の寵姫・楊貴妃《ようきひ》、『論語』にも登場する妖婦・南子など数多いが、文徳皇后のような慎み深い婦人も在ったのである。

文徳皇后　21ページ参照。

斉の景公　[?～前490]　父は中国、斉の霊公。兄の斉荘公は重臣の崔杼らに殺された。崔杼は公子杵臼を立てて景公とした。

晏子（晏嬰）　[?～前500]　中国、春秋時代の斉《せい》の宰相。字《あざな》は平仲。霊・荘・景の三公に仕えた。すぐれた見識をもって国家経営にあたった政治家として知られる。言行録「晏子春秋」がある。（大辞泉）

房玄齢　21ページ参照。

則天武后　[624～705]　中国、唐の高宗の皇后。中国史上唯一の女帝。在位690～705。姓は武。名は照《しょう》。高宗の没後、子の中宗、弟の睿宗《えいそう》を廃立。唐の皇族・功臣らを滅ぼし、同族を重用、自ら帝位に就き、国号を周とした。クーデターで中宗が復位し、唐が再興したのち、病死。（大辞泉）

組織が長寿する鍵は何か

喉元過ぎれば熱さを忘れる。昔から言われてきた警句だ。

平穏無事が長く続くと、創業時や大事件を解決したときの緊張感が緩みがちになる。すっかり忘れてしまうことさえある。そして、つい安易に流れる。それを戒めた太宗と諫議大夫《かんぎたいふ》魏徴の問答には、深い含蓄がある。

◉周と秦の違い――太宗

貞観六年、太宗、侍臣に謂いて曰く。朕聞く、周秦初め天下を得たるは、そのこと異ならず。然れども、周は即ちただ善をこれ務め、功を積み徳を累《かさ》ぬ。よく七百の基《もとい》を保ちし所以なり。秦は乃《すなわ》ちその奢淫《しゃいん》を恣《ほしいまま》にし、好んで刑罰を行い、二世に過ぎずして滅ぶ。あに善をなす者は福祚《ふくそ》延長にして、悪をなす者は降年永からざるにあらずや。

（巻三、君臣鑒戒編第一章）

貞観六年、太宗が側近たちに語った。「周も秦も、天下を取ったときの苦労は同じだった。

だが、その後が異なる。周はひたすら善を行い、功徳を積み重ね、それが七百年も続く元となった。ところが秦は、贅沢三昧にふけり、刑罰を好んで民に臨んだ結果、わずか二代で滅びてしまった」と。善を行う者の幸せはどこまでも続き、悪を行う者の寿命は永くはないのだ。

周は殷の暴王紂《ちゅう》*を倒して建国し、秦は周の末期に乱れた戦国時代を始皇帝*が制して統一国家をつくった。初めは同じようなものだったが、その後の治世が違っていたというのである。

◉桀紂《けっちゅう》と顔閔《がんびん》——太宗

朕また聞く。桀紂は帝王なり。匹夫を以てこれに比すれば、すなわち以て辱《はずかし》めとなす。顔閔は匹夫なり。帝王を以てこれに比すれば、すなわち以て栄となす、と。これまた帝王の深恥《しんち》なり。朕毎《つね》にこの事をもって、鑑誡《かんかい》となす。常に逮《およ》ばずして人の笑うところとならんことを恐る、と。

私はこうも聞いている。「夏の桀*と殷の紂は帝王だが、市井の庶民でさえ桀や紂のようだと言われれば、最大の恥辱を受けたと思う。顔回*と閔子騫《びんしけん》*は市井の一庶民だが、帝王でさえ顔回や閔子騫のようだと言われれば、最高の褒め言葉と悦ぶ。これはまた、帝王として深く恥ずべきことである。私はいつもこの言葉を思い出して、自らを戒めている。しかし、古代の帝王にはどうしても及ばず、人々に笑われるのではないかと恐れているのだ」と。
ちなみに、顔回と閔子騫は孔子の弟子で、徳行に優れた人格者であった。

◉自分を忘れてしまった男――魏徴

魏徴曰く。臣聞く、魯の哀公、孔子に謂いて曰く、人の好く忘るる者有り、宅を移して乃《すなわ》ちその妻を忘る、と。孔子曰く、また好く忘るることこれよりも甚だしき者有り。丘、桀紂の君を見るに、乃ちその身を忘る、と。願わくは、陛下、毎《つね》にかくの如き慮《おもんばかり》をなさば、後人の笑いを免《まぬか》るるに庶《ちか》からんのみ、と。

諫議太夫の魏徴が答えた。「昔こんな話があったと聞く。魯の哀公*が孔子に、世間にはモノ忘れのひどい者がいる。家を引っ越すときに、何と自分の妻を置き忘れたそうだと話した。これに対し孔子は、もっとひどい話がある。桀紂は自分自身さえ忘れて、身を滅ぼしてしまったのだから。どうぞ陛下も常に深慮して頂きたい。そうすれば、後世の笑いものになることはないでしょう」と。

◉日本には長寿企業が多い

この逸話は、一国の消長に止まらず、現代の企業にも当てはまる。経営者は誰しも、自社の永続を願うからである。

その点で、日本には長寿企業が圧倒的に多いことに注目したい。二〇一九年一〇月の帝国データバンク、ビューロー・ヴァン・ダイク社のｏｒｂｉｓの調査では、創業二百年を超える企業数は、日本一三四〇社（世界の六五％）、米国二三九社（一一・六％）、ドイツ二〇一社（九・八％）である。最古の事業体は社寺建設の金剛組で、その創業は五七八年に遡る。

長寿の理由としては、自利利他の精神風土、比較的平和な時代の継続と文化の継承、恥を知り信義を重んじる武士道、近江商人の「三方よし」（売り手よし、買い手よし、世間よし）に代表される商業道徳の存在などを挙げることができよう。老舗企業には、創業者や中興の祖の志が社是・社訓として、永く今も生きているところが多い。

どのような組織でも確固とした独立精神がなければ永続することはないが、単独でも永らえることはかなわない。それは、国であろうと企業であろうと同じである。

企業は良き企業市民として、株主だけでなく顧客、従業員、地域社会、取引先など多くのステークホールダーのために長期的に企業価値を高め、社会に貢献すべき存在でなければならないと私は思う。

紂　古代中国の殷《いん》王朝最後の王。名は辛《しん》。妲己《だっき》を溺愛《できあい》し、酒色にふけって政治を乱し、忠臣の比干《ひかん》を殺すなど、暴虐の限りを尽くして周の武王に滅ぼされた。古来、夏《か》の桀《けつ》王とともに暴君の代表とされる。殷紂。紂王。（大辞泉）

始皇帝　［前259～前210］　中国、秦の初代皇帝。名は政。前221年、中国を統一して絶対王制を敷いた。郡県制の実施、度量衡・貨幣の統一、焚書坑儒《ふんしょこうじゅ》による思想統一、万里の長城の修築、阿房宮《あぼうきゅう》・陵墓の造営など事績が多い。しかし、急激な拡大と強圧政治に対する反動のため、死後数年で帝国は崩壊。始皇。（大辞泉）

夏の桀王　67ページ参照。

顔回　［前522ころ～前490ころ］　中国、春秋時代の魯《ろ》の人。字《あざな》は子淵《しえん》。孔門にあって、学才・徳行ともに第一位とされ、最も孔子に愛されたが、師に先立って死去。顔淵《がんえん》。（大辞泉）

閔子騫　中国、春秋時代の魯《ろ》の人。名は損、子騫は字《あざな》。孔子の弟子。徳行にすぐれ、その孝をもって孔門十哲の一人に数えられる。生没年未詳。（大辞泉）

哀公　中国春秋末期、魯《ろ》の第25代の王（在位紀元前494～468年）。三桓《さんかん》と呼ばれる公族三家のため国を追われた。紀元前468年没。（日本国語大辞典）

正しい人選と信賞必罰

マネジメントにおいて、人の任用と賞罰ほど大事なことはない。それを正しく行えば、部下は奮い立ってその組織は繁栄し、そうでない場合は逆に衰退する。会社のCEOが役員や部課長の選任にあたって一番心を悩ますところである。このことは昔も変わりがなかった。

◉任用と賞罰は慎重に——太宗

貞観六年、太宗、魏徴に謂いて曰く。古人云う、王者は須《すべから》く官のために人を択《えら》ぶべし。造次《ぞうじ》にすなわち用うべからず、と。朕、今、一事を行えば、則ち天下の観るところとなり、一言を出《い》だせば、則ち天下の聴くところとなる。徳好の人を用うれば、善をなす者みな勧《すす》む。誤りて悪人を用うれば、不善の者競い進む。賞その労に当たれば、功無き者自ら退く。罰その罪に当たれば、悪をなす者誡懼《かいく》す。故に知る、賞罰は軽々しく行うべからず、人を用うるはいよいよ須く慎択《しんたく》すべし、と。（巻三、択官篇第六章）

貞観六年、太宗が魏徴に語った。「古人が言うには、『王者は、官のためにその職に相応しい人材を登用すべきだ。軽々しくやってはいけない』と。私の言動は、天下の人々の耳目を集めている。徳のある立派な人を用いれば、善を行う人はみな善に励み、間違えて悪人を登用すれば、不善をなす者が争って進み出る。また、信賞必罰をもって臣下に臨めば、功のない者は退き、悪事をなす者は恐れて慎むことになる。だから私は、賞罰は軽々しくなさず、人材の登用は何にもまして慎重にしているのだ」と。

◉才徳兼備の者の登用を——魏徴

徴対《こた》えて曰く。人を知るの事は、古より難しとなす。故に考績黜陟《ちゅっちょく》してその善悪を察す。今、人を求めんと欲せば必ず須く審《つまび》らかにその行いを訪《と》うべし。もしその善を知りて然る後にこれを用いば、たといこの人をして事を済《な》す能わざらしむとも、ただこれ才力及ばざるにて、大害をなさざらん。誤りて悪人を用いば、もし強幹ならば患をなすこと極めて多からん。ただ乱代《らんだい》はただその才を求めて、その行いを顧みず、太平の時は、必ず才行ともに兼ぬるを須《ま》ちて、始めて任用すべし、と。

魏徴が答えた。「人物の正邪を見抜くことは、昔から難しいとされている。それゆえ、古人は人の任用にあたっては、その者の行いを慎重に調査した。今陛下が人を求めようとするなら、その人物の言動を詳しく調べる必要がある。その行いが善であると知って登用した上は、たとえその者が能力不足であったとしても、大きな害にはならない。逆に誤って悪人を用いたとしたら、その者がやり手であればあるほど、はかり知れないほど大きな害毒を流すに違いない。乱世なら才能だけを求めて徳行を考慮しないこともあるが、今のような太平の時代には才能と徳行を兼ね備えた人物を任用しなければなりません」と。

◉人を見分ける急所

人の真価を見分ける急所について、『論語』は次のように述べている。

子曰く、その以《な》す所を視、その由る所を観、その安んずる所を察すれば、人いずくんぞ廋《かく》さんや。人いずくんぞ廋さんや。（為政編）

孔子は言った。外面に現れた行動を注意深く視つめ、そもそもの動機を観極め、安心し満足しているところを察すれば、どんな人でも隠しようがない、必ず正札が現れる、と。観は視よりも詳細に、察は観よりもさらに深く、内奥を見透すという意味であろう。孔子はこのように、じっくりと人を見よ、時間をかけて判定せよ、と懇切に説いているのである。

人選と賞罰の正当な判定は、具眼の士、すなわち人や事柄の真贋《しんがん》を正しく見抜ける人にして初めて可能となる。部下はそれを目の当たりにして、奮起し、あるいは逆に失望する。組織の興廃は、それで決まっていくものだ。

私が経団連の専務理事だった頃、直属上司の奥田碩*会長（現名誉会長）に、人の真価やその者の運の善し悪しについて、どうすれば見分けることができるかと尋ねたことがある。奥田さんは小考の上、「本人がどんな仕事をしてきたか、詳しく見てみればよい。その人次第で、担当する部署が元気にもダメにもなることや、その原因も分かる」と答えてくれた。

完璧な人は、どこにも存在しない。それだけに、マネジメントをよくするには、リーダーもリーダーを志す者もできるだけ「才徳兼備の人」となることを目指して、日頃から自分を磨いていくしか道はないと私は思う。

奥田碩［1932～］ 1955年トヨタ自動車販売に入社。82年トヨタ自動車取締役。95年豊田家以外からの初の社長となり、99年会長。99年日経連会長、2002年日本経団連初代会長に就任。国際協力銀行総裁、トヨタ財団会長等を歴任。

後継者の育成

トップリーダーにとって、後継者の育成は最大の課題である。

このことは、昔の帝国も今の企業も変わらない。輝かしい治世を行った太宗もその例外ではなく、晩年まで苦労が続いた。

◉今、国家の急務は何か

貞観十六年、太宗、侍臣に謂いて曰く、当今、国家、何事か最も急なる。各々わがためにこれを言え、と。高士廉《こうしれん》曰く、百姓を養うこと最も急なり、と。劉洎《りゅうき》曰く、四夷《しい》を撫《ぶ》すること最も急なり、と。岑文本《しんぶんぽん》曰く、伝に称す、これを道《みちび》くに徳を以てし、これを斉《ととの》うるに礼を以てす、と。これによりて言えば、礼義を急となす、と。褚遂良《ちょすいりょう》曰く、即日、四方、徳を仰ぐ、誰かあえて非をなさん。ただ太子・諸王は、すべからく定分あるべし。陛下よろしく万代の法を為《つく》りて、以て子孫に遺《のこ》すべし。これ最も当今の急となす、と。（巻四、論太子諸王定分篇第四章）

貞観十六年、太宗は侍臣たちに「いま国家の急務は何か」と問うた。

高士廉*は人民の生活の安定を、劉洎*は四方の異民族の鎮撫を、岑文本*は昔から言われているように徳を以て導くため礼義を盛んにすること、と所信を述べた。しかし、諫議大夫褚遂良*の意見は異なっていた。「今の世は、陛下の徳が国の隅々に行きわたり、平穏に治まっている。いま最大の急務が何かといえば、皇太子と諸王に任じられた他の王子たちの間に一定の分限を設けることで、この際万世の後まで手本となる法を定め、子孫に残すことが必要であります」と。

◉後継者の選任と育成

太宗曰く、この言、是なり。朕、年まさに五十ならんとし、すでに衰怠を覚ゆ。既に長子を以て器を東宮に守らしむ。諸弟及び庶子は、数まさに四十ならんとす。心常に憂慮するはまさにここに在るのみ。ただ古より嫡庶、良なくんば、何ぞかつて家国を傾敗せざらん。公等、朕の為に賢徳を捜訪《そうほう》して、以て儲宮《ちょきゅう》を輔《たす》け、ここに諸王に及ぶまでことごとく正士を求めよ。かつ官人の王に事《つか》うるは、宜しく歳久しくすべからず。歳久しければ分義、情深し。非意の闚闟《きゆ》、多く此に由りて作《おこ》る。それ王府の官寮は、四考に過ぎしむるなかれ、と。

太宗は、遂良の言に同意して次のように述べた。「私も五十になろうとし、体力と気力の衰えを感じている。長子の承乾《しょうけん》を皇太子に定め東宮に住まわせているが、諸弟・庶子の数は四十人に近い。その処遇にはいつも心を痛めている。昔から皇太子と異母弟とに善良な者がなければ、国は亡びるほかはなかった。公らには、皇太子の補佐役には才徳兼備の優れた人物を探し出し、諸王の補佐にも同様に正しい人物を求めてほしい。また、同一人物が諸王に長く仕えるのはよくない。情が移り、分不相応な邪心が生ずることもあるからだ。従って諸王府の官僚は、同一人が四年を越えないようにせよ」と。

さすがの名君太宗も、後継者育成ばかりは思うに任せなかった。

八歳で皇太子に立てた長男の承乾は、帝王教育の効もなく長ずるにつれて素行が荒れ、父・太宗の暗殺まで企て、ついには身分を庶民に落とされた。次男の泰は、学才はあったが策謀を弄する野心家のため、自分の死後に世が乱れることを憂えた太宗は、平凡で大人しい三男・治を皇太子とした。治は後を継いで高宗*となったが、やがて皇后・武氏（則天武后*）に牛耳られ、天子の実権までも奪い取られたのだ。

大河ドラマで話題の江戸幕府を開いた徳川家康や、北条政権の礎を築いた北条政子は、『貞観政要』を深く学び、政権の長期安定化には後継者のあり方が最重要と判断し、その方策を決めてレールを敷いたと私は想像している。

現代でも後継者の育成は重い課題である。

心ある経営者はその育成を任期中の最大課題とする。その点で、大企業は候補者の選択肢が多いが、中小企業は少ない。代々同族で経営してきた企業や、大企業であっても創業者の血縁の者を後継ぎにと考えた場合は、もっと難しい選択を迫られる。同族経営を断念するか、個人事業を法人化するなどして幅広く社内外に人材を求め、後継者を得て、企業を存続させた例が多いことは一つの参考となろう。

企業は社会の公器である。

その前提に立てば、同族経営であろうとなかろうと、時間をかけて候補者に課題とチャンスを与え、仕事の成果を正しく評価し、成長を見守りながら人物・識見・信望の有無を確かめ、適任者を選ぶほかはないのではないか。平凡だが、それが現代の選択プロセスだと私は思う。

高士廉　太宗の皇后のおじにあたる。敏捷で度量があるとされた。隋の官吏となり、友人の罪に連座して交《こう》趾《し》（ハノイ）に左遷された。隋末の乱が起こると長安に戻り、太宗に抜擢された。玄武門の変にも関わり、太宗の信任は厚く、貞観の朝廷を支えた。皇太子の李承乾の補佐を務めた。

劉洎　隋末に群雄の一人蕭銑《しょうせん》の臣下となり、南方戦略を任された。蕭銑が敗れたため、唐に帰属した。太宗即位後、長安に呼ばれしばしば鋭い進言をした。貞観中に尚書右丞となった。太宗が遼東を征したとき、皇太子を補佐したが諫議大夫の褚遂良と合わず、死を賜る。

岑文本　［５９５〜６４５］中国、唐の官僚。沈着で、文筆に秀で多くの詔告を草出した。

褚遂良　［５９６〜６５８］中国、唐の政治家。博学で書道の大家。太宗のとき、諫議大夫になり、太宗に重んじられた。晩年、高宗が則天武后を皇后にしようとしたとき、その非を強く諫めたので、高宗の怒りを買って、潭州に流される。愛州刺史（現ベトナム領）に左遷されてその地で没した。

高宗（李治）　［６２８〜６８３］唐朝第3代皇帝。廟号《びょうごう》は高宗。父は太宗。太宗の長子で皇太子だった承乾が廃され、兄の魏王泰が罪を問われると皇太子となった。高句麗を滅ぼして唐王朝の最大版図を成し遂げた。しかし宮中に迎えた則天武后の専横を許したまま没した。

則天武后　90ページ参照。

天下は公のもの

心あるリーダーは、自らが率いる組織の持つ社会的使命を常に考える。役に立つ存在として人々に信用されているか、采配を振るいながら気ままに組織を私物化してはいないか、と。一四〇〇年前の太宗もそうであった。

◉人材任用に不満がある——房玄齢《ぼうげんれい》

太宗初めて位につきしとき、中書令房玄齢奏言す。秦府の旧左右の未だ官を得ざる者、並びに前宮及び斉府の左右の、処分の己に先立つを怨む、と。（巻五、論公平篇第一章）

太宗が天子の位について間もない頃、中書省長官の房玄齢が言上した。「陛下が秦王であったときに側近く仕えた者で、まだ官職を得られない者たちが怨みごとを述べている。陛下の兄弟で今は亡き建成・元吉二人の家臣の方が、自分たちよりも先に用いられているのは不公平だ」と。

中書省は、詔勅の起草などを行う中央官庁で、その長官房玄齢は後に宰相として太宗を補佐した。建成は初代高祖の長男で皇太子に上げられていたが、三男の斉王元吉と謀らって次男の英雄・李世民（後の太宗）を討とうとし、事露見して玄武門の変で誅せられた。

◉公器を私物化してはならない――太宗

太宗曰く、古、至公と称する者は、けだし平恕《へいじょ》にして私なきを謂う。丹朱・商均は子なり。而《しか》るに堯舜これを廃せり。管叔《かんしゅく》・蔡叔《さいしゅく》は兄弟なり。而るに周公これを誅せり。故に知る、人に君たる者は天下を以て公となし、物に私するなきを。昔、諸葛孔明は小国の相なり。なお曰く、わが心は秤《はかり》の如し、人の為に軽重を為す能《あた》わず、と。いわんや我、今、大国を理《おさ》むるをや。朕、卿らと、衣食・百姓より出ず。これ則ち人力すでに上に奉ずるも、上の恩未だ下に被《こうむ》らず。今、賢才を択ぶ所以は、けだし百姓を安んずるを求むるが為なり。人を用うるにはただ堪否《かんぴ》を問う。あに新故をもって情を異にせんや。およそ一面すらなおかつ相親しむ、いわんや旧人にして頓《にわか》に忘れんや。才もし堪えずんば、またあに旧人を以て先ず用いんや。今、その能否を論ぜずして、ただその怨嗟《えんさ》を言うは、あにこれ至公の道ならんや、と。

太宗は次のように答えた。「昔から至公とは、公平で思いやりがあり、私心がない者をいう。聖天子と仰がれる堯・舜*は、不肖の息子であった丹朱*・商均*を後継ぎにはしなかった。周公旦は、謀反を起こした兄弟の管叔・蔡叔*二人を、周王室安泰のために誅殺した。天下万民の君たる者は、天下を公器とし、全てに私情を挟んではならないと知った。かつて諸葛孔明*は小国蜀《しょく》の宰相だったが、『私の心は秤だ、情実を交えることはない』と語った。まして大国を治める今の私は、えこひいきはできない。我らの衣食は全て人民に依存している。人民は我らのために尽くしているのに、政府の恩沢はまだ下々まで及んでいない。いま賢才の登用を図っているのは、人民の生活を安定させるためだ。人の採用は役に立つかどうかが問題であって、新参と古参の違いなどはない。人は初対面でも親しくなれる。まして、長い間仕えてきた者を忘れることがあろうか。その才能が役に立たないなら、古参を理由に用いることはできない。従って、能・不能を棚に上げて怨みをいうのは公平の道に反する」と。

◉企業の社会的責任

太宗の思いは、自社の繁栄を願う現代の経営者に通ずる。

企業は、本業を通じて社会のニーズに応え、世の人々から信頼されない限り発展は望めない。具体的には顧客・従業員・株主・地域社会・取引先などのステークホルダー（利害関係者）を指すが、その信頼は企業が社会的責任（ＣＳＲ：Corporate Social Responsibility）を進んで果たすことによって得られるものだ。

世界の中で日本に長寿企業が圧倒的に数多いのは、近江商人の「三方よし（売り手よし、買い手よし、世間よし）」のように、社会的信用を得る努力が長年なされてきた現れである。株式会社制度ができるまではオーナー事業だったにもかかわらず、儲《もう》け一辺倒ではなかったのだ。この点で、近年、株主至上主義の風潮を改め、ステークホルダー全体を重視しようとする声が日米欧の経営者から出始めたことは、ＣＳＲ本来の姿への回帰として注目に値する。

企業が世の信頼を得て発展するには、人格・才能ともに兼ね備えた人物を一人でも多く登用し、任使する必要がある。えこひいきや縁故・情実による側近政治をやめ、能力本位で公正な人事を行おうとした太宗の苦心も、そこにあったのであろう。

企業は社会の公器、との思いを改めて深くする。

堯や舜の時代　46ページ参照。

丹朱　伝説上の堯帝の子。不肖の息子だったので、堯は天下を舜に譲った。

商均　伝説上の舜の息子。やはり不肖だったので舜は、地位を禹《う》に授けた。

管叔・蔡叔　伝説上で周の文王の子で武王と周公旦の弟。武王が没し、幼い成王が王位に就くと、周公旦が政治を補佐したが、管叔と蔡叔は周公旦が実権を握ろうとしていると考え挙兵。ともに殷・紂王の子の武庚を擁して反逆を起こして周公旦に誅され。殺された。

諸葛(亮)孔明　［181〜234］　中国三国時代の、蜀漢《しょっかん》の丞相。琅邪《ろうや》(山東省)の人。字《あざな》は孔明。劉備《りゅうび》に仕え、赤壁の戦いで魏《ぎ》の曹操を破った。劉備没後、その子劉禅を補佐、出師《すいし》の表を奉って漢中に出陣、五丈原で魏軍と対陣中に没した。(大辞泉)

事実をありのまま伝える勇気

史実は正しく後世に伝えられなければならない。記録の任にある者が自分可愛さのあまり、上司の意に屈し、時に忖度し、筆を曲げて不都合な事実を隠すようになれば、そこに史実は存在しなくなる。そうして生まれた記録は、もはや後世の批判に耐え得るものではない。

◉史官の記録を見たい——太宗

貞観十三年、褚遂良《ちょすいりょう》、諫議大夫となり、兼ねて起居注《ききょちゅう》に知たり。太宗問いて曰く、卿、比《このごろ》、起居に知たり。何等のことを書するや。大抵、人君は観見することを得るや不《いな》や。朕、この注記を見んと欲するは、まさにかえって為す所の得失を観、以て警戒と為さんとするのみ、と。(巻七、文史篇第四章)

貞観十三年、褚遂良*が諫議大夫となり、兼務して君主の言行を記録する起居注の主管となった。太宗は遂良に問うた。「そなた、近頃起居を司っているが、どのような記録をしているのか。人君はそれを見ることができるのか、どうか。見たいと私が思うのは、自分の行動の良し悪しを観て将来の戒めとしたいだけで、全く他意はない」と。ちなみに、褚遂良は能書家としても著名な人物である。

◉記録は見せられない――褚遂良

遂良曰く、今の起居は古の左右史にして、以て人君の言行を記す。善悪必ず書し、人主の非法を為さざらんことを庶幾《こいねが》う。帝王の躬《み》自ら史を観るを聞かず、と。

褚遂良は、「今の起居の職は古代の左史・右史であり、人君の言行を記録するのが職務である。君主の言行は良きにつけ悪しきにつけ、全て記録にとどめるので、どうか法にはずれた振る舞いのないよう心から願いたい。帝王が自らその記録を観るという例については　昔から聞いたことがありません」と述べ、太宗の閲覧希望を断ったのである。なお、ここで言う左史・右史とは、天子の左右に侍しその言行をつぶさに記録した古来の史官である。

◉トップの言動は隠せない

太宗曰く、朕、不善有らば、卿必ず記録するや、と。遂良対《こた》えて曰く、臣聞く、道を守るは官を守るに如かず、と。臣、職、載筆《さいひつ》に当たる。何ぞこれを書せざらん、と。黄門侍郎劉洎《りゅうき》進みて曰く、人君、過失有るは、日月の蝕《しょく》の如く、人、皆これを見る。たとい遂良をして記せざらしむとも、天下の人、皆これを記せん、と。

太宗は「もし私に不善の言動があれば、公はそれを必ず記録するのか」と問い、遂良は率直に答えた。「私は次のような孔子の言を聞いている。『道徳を守るには、自己の官を守ってその職責を果たす以外にない』と。私は職責を全うし、陛下の言動は善悪を問わず全て記録にとどめます」と。ここで門下省次官の劉洎*が進み出て、「君子が過失をおかせば、日食や月食を見るように万民が目を向ける。たとえ遂良の記録を差し止めたとしても、天下万民の目を逃れることはできません」と述べた。

◉命がけで書かれた歴史

『春秋左伝*』は、事実の記録に身命を賭した史官の例を挙げている。

大史書して曰く、崔杼《さいちょ》その君を弑《しい》す、と。崔子これを殺す。その弟、嗣ぎて書す。而して死せる者二人。その弟また書す。乃《すなわ》ちこれを舎《お》く。南史氏は大史尽《ことごと》く死せりと聞き、簡を執りて以て往く。すでに書せりと聞き、乃ち還る。

BC六世紀に、斉の重臣崔杼*が主君荘公を殺害した。斉の大史（史官）は「崔杼その君を弑逆した」と書いた。汚名が残ることを恐れた崔杼は、大史を殺した。大史の弟が後を継ぎ、同じことを書いて殺され、犠牲者は二名となった。三番目の弟がその後を継いで同じことを書いたときには、さすがに崔杼も諦めざるを得なかった。史官が全て死んだと聞いた地方の史官が、竹簡（竹の札、字を刻んで記録）を手に駆けつけたが、記録が済んだと知って引き返した。

春秋時代にはすでに下剋上《げこくじょう》が始まっていたが、『左伝』の作者はこの事件をつぶさに描写するとともに、勇敢で剛直な史官の働きを伝えたのである。

絶対専制の時代に、このような史官が存在し、他方では天子の過ちを直言する諫議大夫の職が設けられていた。

そこにある高い倫理観と、トップ以下職分に応じたリーダーとしての覚悟は、現代の企業経営にも通ずるものがある。
私は今、昭和二三年の日経連（現日本経団連）設立時に、時の経営者が掲げたスローガン「経営者よ、正しく強かれ！」を思い浮かべている。そのスローガンの元に、時の経営者たちは重点方針として、「人間尊重の経営、長期視点の経営、経営道義の高揚」を掲げ、戦後の混乱から立ち上がり、志高く経済の復興に邁進したのである。

褚遂良　１０４ページ参照。
劉洎　１０４ページ参照。
春秋左伝　52ページ参照。
崔杼　［～前５４６］　中国、斉の荘公の重臣。荘公は臣下の崔杼の妻と密通し、崔杼や斉の有力氏族、慶封に殺された。崔杼は公子、杵臼を立てて景公とし右相になった。その後、慶封と崔杼が対立。慶封は崔杼の子を殺し崔杼も自殺した。

何が正しいか、初心を忘れない

新しい国を興した英雄が、なぜ晩節を全うすることができず、あるいは二代目の世となって国が滅びていくのか。

答えは歴史の中に見出すほかはないが、それは権勢欲や私利私欲に惑わされて、「何が正しいか」という初心を忘れてしまったからではないか。太宗も歴史を学んで、次のような自戒の言葉を述べている。

◉本《もと》を務むべし――太宗

貞観二年、太宗、侍臣に謂いて曰く、凡《およ》そ事、皆すべからく本を務むべし。国は人を以て本となし、人は衣食を以て本となす。衣食を営むには、時を失わざるを以て本となす。それ時を失わざるは、ただ人君の簡静にありて、乃《すなわ》ち致すべきのみ。もし兵戈《へいか》しばしば動き、土木息《や》まずして、而《しか》も農事を奪わざらんと欲すとも、それ得べけんや、と。

（巻十一、務農篇第一章）

貞観二年、太宗が側近たちに語った。「何事によらず、根本を大事にせねばならない。国は人民を本とし、人民は衣食を本とする。衣食の本は農業にあり、種まきや収穫などその生産のときを失してはならない。それは人君が無駄を省き物静かであって、初めて可能となる。むやみに軍隊を動かし土木工事を起こせば、農繁期を奪うまいとしても叶《かな》うことではない」と。

◉初心、忘るべからず――王珪《おうけい》

王珪曰く、昔、秦皇・漢武、外には則ち兵戈《へいか》を窮極し、内には則ち宮室を崇侈《すうし》す。人力すでに竭《つ》きて、禍難ついに興る。彼あに人を安んずるを欲せざらんや。その人を安んずる所以の道を失えばなり。亡隋の轍《てつ》、殷鑑《いんかん》遠からず*。陛下親しくその弊を承け、これを易うる所以を知る。然れども初めに在りては則ち易《やす》く、これを終うるは実に難し。伏して願わくは、終わりを慎むこと始めのごとくし、まさにその美を尽くさんことを、と。

王珪*が答えた。「昔、秦の始皇帝*、漢の武帝*は、外に向けては大軍を動員して他国を侵略し、内にあっては豪奢な宮殿を造営した。ついに民力が疲弊し、取り返しのつかない事態となった。両者とも人民の生活の安定を望まなかったのではないが、実践することを怠った。隋の滅亡も良い見本であり、陛下はその二の舞にならぬよう心している。しかし、初心の貫徹は容易ではない。陛下には常に初心を忘れず、有終の美を飾るよう願います」と。

秦の始皇帝（在位BC二二一～二一〇年）は中国全土を統一したが、晩年は外征を行い、万里の長城や阿房宮《あぼう》＊を造営した。その無理が重なり、死後四年で漢によって滅ぼされた。漢の武帝（七代目、在位BC一四一～八七年）は、当初は内政に注力したが、やがて外征を行い豪奢な宮殿を造営して、晩年には富強を誇った帝国も土台が揺らぐ状況となった。

◉君多欲なれば、人苦しむ――太宗

太宗曰く、卿の言、是なり。それ人を安んじ国を寧《やす》んずるは、ただ君に在り。君無為《むい》なれば則ち人楽しみ、君多欲なれば則ち人苦しむ。朕が情を抑え欲を損し、己に尅《か》ち、自ら励む所以なるのみ、と。

太宗が語った。「公の言う通りだ。人民の生活安定と国の安寧の責任は、全て君主にある。君主が戦争や宮殿の造営などの欲望を慎み、何もしなければ民は楽しみ、君主が多欲ならば民は苦しむ。私は今後とも己の欲望を抑制し、自分に打ち勝ち、日々励んでいくつもりである」と。

◉修己《しゅうこ》とステークホールダー経営

産業の主体が農業であった当時と現代を直に比較はできないが、リーダーのあり方はどの時代も変わらないものと思えてならない。

第一に、リーダーは私利私欲を薄くして、己の身を修め、公のために働く気概を持つこと。太宗の自分を律するストイックで厳しい心がけは、放縦に流れがちな現代人に対する警鐘ではないか。『大学』*にある「修身・斉家・治国・平天下」(自分を修めて、初めて家庭が調和し、国が治まり、世界平和が実現する)が、改めて思い起こされるのである。

第二に、企業経営者はステークホールダー経営を重視すること。CSR(企業の社会的責任)の基本だが、顧客・従業員・株主・地域社会・取引先など、企業を支える多くのステークホールダー(利害関係者)全体に目を配って経営するのである。この点で、二〇一九年に米国の主要企業二〇〇社の経営者が共同して、「今後は株主第一主義を改め、ステークホールダー全体を重んずる」と宣言したことは注目に値する。翌年のダボス会議*でも、主要議題として取り上げられたのである。

殷鑑遠からず、夏后《かこう》の世に在り　殷の紂王が反省の鏡とすべきは、近く夏の君桀の時代にある。桀王が暴虐のすえに滅亡したことを諭す。『詩経』大雅より。（諸橋轍次『中国古典名言事典』）

王珪　21ページ参照。

始皇帝　95ページ参照。

漢の武帝　［前156〜前87］中国、前漢第7代の皇帝。在位、前141〜前87。廟号《びょうごう》、世宗。名は劉徹。高祖劉邦の曽孫。儒教を公認し、中央集権体制を強化。外征を行って領域を拡大し、東西交渉を盛んにした。（大辞泉）

阿房宮　中国の秦の始皇帝が、渭水《いすい》の南に建てた大宮殿。秦を滅ぼした項羽が火を放ったが、3か月燃え続けたという。遺跡は、西安市の西方に残る。（大辞泉）

大学　中国の経書。四書の一つ。孔子の遺書とも子思または曾子の著作ともいう。もと「礼記」の一編（第四二）で学問の根本義を示す。朱子の校訂によって現形に固定された。明明徳・止至善・新民の三綱領をたて、それに至る格物・致知・誠意・正心・修身・斉家・治国・平天下の八条目の修養順序をあげて解説する。（日本国語大辞典）

ダボス会議　スイスの非営利団体、世界経済フォーラムが毎年スイスの保養地ダボスで開く年次総会。企業経営者、国家元首、政治家、ジャーナリスト、非政府団体などが参加する。

三つの鏡に映して、過ちを正す

貞観の治は、君臣間の信頼関係の重要性を教えてくれる。

太宗は多くの賢臣に恵まれたが、中でも魏徴との関係は特別であった。それはあたかも、太宗の度量の大きさと魏徴の剛胆で誠実な仕事ぶりが、二人の間に重厚な協和音を響かせているように見える。

◉太宗と魏徴との出会い

太宗、隠太子《いんたいし》を誅《ちゅう》するに及び、徴を召して之を責めて曰く、汝《なんじ》我が兄弟を離間するは、何ぞや、と。衆皆之がために危懼《きく》す。徴、慷慨自若《こうがいじじゃく》、従容として対《こた》へて曰く、皇太子、もし臣が言に従はば、必ず今日の禍《わざわい》無かりしならん、と。太宗、之がために容《かたち》を斂《おさ》め、厚く礼異《れいい》を加え、擢《ぬき》んでて諫議大夫に拝し、数々《しばしば》之を臥内《がない》に引き、訪《と》うに政術を以てす。

（巻二、任賢篇第三章）

二人の出会いは、劇的としか言いようがない。

太宗にとって魏徴は敵方の人だった。太宗が兄である皇太子建成と唐帝国の二代目争いをしたときに、魏徴は建成の懐刀として働いたのである。

玄武門の変で隠太子（建成）を倒した後で、太宗は魏徴を呼び寄せ、「そなたは我々兄弟間を離叛《りはん》させ、争わせたのはいかなる訳か」と詰問した。周囲の者たちは、固唾を呑んで耳を傾けたことであろう。そこで魏徴は少しも騒がず「皇太子が私の献言を容れていれば、今のような禍はなかった」と答えた。立場は逆になっただろう、と言うのである。刑死を覚悟した発言に相違ない。それを聞いて太宗は心を打たれ、魏徴の人物を認め、礼を尽くして諫議大夫に任命し、折に触れて自室に呼んで政治について意見を聴くようになった。

◉肝胆相照らす信頼

徴、もとより経国の才有り。性また抗直《こうちょく》にして、屈撓《くつどう》するところ無し。太宗、之と言ふ毎に、未だかつて悦ばずんばあらず。徴もまた、知己《ちき》の主に逢うを喜び、その力用《りょくよう》をつくす。

魏徴には国家を治める才能があり、性格は剛直でひるむところが少しもなく、太宗はまたその直言を聞いて悦ばないことはなかった。魏徴も自分の真価を知る人に会えたことを喜び、力を尽くして仕えた。文字通り撞木と鐘が響き合うような、肝胆相照らす間柄となったのである。

古い言葉に「士は己を知る者の為に用う」（司馬遷「報任安書」）とあるが、魏徴はそのような心境で己を尽くしたものと思う。

◉三鏡をもって過ちを防ぐ

太宗、かつて侍臣に謂いて曰く、それ銅を以て鏡と為せば、以て衣冠を正すべし。古《いにしえ》を以て鏡と為せば、以て興替《こうたい》を知るべし。人を以て鏡と為せば、以て得失を明らかにすべし。朕常にこの三鏡を保ち、以て己が過ちを防ぐ。今、魏徴徂逝《そせい》し、遂に一鏡を亡《うしな》えり、と。因りて泣下《なみだ》ること久しうす。…これより以後、各々乃《なんじ》の誠を尽くせ。もし是非あらば、直言して隠すこと無かれ、と。

太宗は、あるとき侍臣たちに語った。「銅を鏡として、人は衣装を正す。歴史を鏡とすれば、世の治乱興亡を知ることができる。人を鏡とすれば、事の善悪当否を知ることができる。私はこの三つの鏡を堅持して、自分の過ちを正してきた。しかるに今や魏徴が死んで、大事な一つの鏡を失ってしまった」と述べ、長い間涙を流して慨嘆した。そして、「これからも私には過ちがあるはずだから、諸氏よ、各々誠を尽くして、問題があれば隠さずに直言してほしい」と語ったのである。

◉四つ目の鏡

この三つの鏡は、実に示唆に富む。

青銅の鏡は人の外形を映して、身だしなみを整えることができる。歴史は国家社会と人々の栄枯盛衰を記し、なぜそうなったのかをつぶさに教えてくれる。そして一番大事で必要なのは、率直に意見を述べてくれる人の存在である。優れた歴史観に支えられた、広い見識と経験の持ち主の意見である。自分の行動ははたして正しいか、それを考えない人はあるまい。ただし、人の苦言直言を素直に聴き容れるには、互いに深い尊敬の念がなければならない。太宗と魏徴の間は上下関係ではありながら、国家の経営という同じ志に結ばれた友情に近いものではなかったかと私は思う。

太宗は内省の強い人であった。

三つの鏡に映る自分の姿を見て反省するだけでなく、自分の心という四つ目の鏡を持ち、それに照らして自省する日常だったのではあるまいか。『大学』が説く「慎独」のときである。

太宗の大度量は、独り静かなときを持って内省する中から生まれたものと思う。

『大学』には、「君子は必ずその独りを慎むなり。小人閑居して不善を為し、至らざる所無し」という有名な一文がある。

これを読むたびに、私は東芝を再建した土光敏夫さんの日常を思う。毎朝四時には起きて、読経し、家庭菜園を観、運動代わりに木刀を振り回し、それから出社する。帰宅しても、寝る前には読経を欠かさなかった。慎独を地でいく日常だった。「心が休まるんだ。一日終わったら振り返り、朝起きたらまた心機一転、勇気が湧いてくる」と言った話も聞いている。

『大学』には修身・斉家・治国・平天下という言葉があるが、慎独は修身の第一歩といえるのではないかと私は思う。

打てば響くような上下の信頼関係

世に完全な人はいない。

誰しも長所があれば短所もある。人それぞれの長所を活かせば組織は発展し、その逆では崩壊するしかない。上下関係も同様である。

◉水魚の交わり——太宗

貞観元年、太宗、侍臣に謂いて曰く、正主、邪臣に任ずれば、理を致すこと能はず。正臣、邪主に事《つか》ふれば、また理を致すこと能《あた》はず。ただ君臣相遇《あいあ》ふこと、魚水に同じきもの有れば、則ち海内《かいだい》、安かるべし。朕、不明なりと雖《いえど》も、幸いに諸公しばしば相匡求《きょうきゅう》す。冀《こいねが》くは直言鯁議《こうぎ》によりて、天下を太平にいたさん、と。（巻二、求諫篇第二章）

貞観元年に、太宗は侍臣たちに言った。「正しい君主が邪悪な臣下を信任すれば、平和な世をつくることはできない。また、中正な臣が邪悪な君主に仕えるときにも、平和な世はつくれない。ただ名君と良臣が出会って、水と魚の関係のように深い信頼関係で結ばれたときに、初めて国内に平安がもたらされる。私は愚かな人間だが、幸いにも諸公が私の過ちを正して危険を救ってくれている。これからも諸公の強い直言によって、天下の太平を実らせたい」と。

君臣水魚の交わりについては、蜀の君主劉備玄徳*が宰相諸葛孔明*を語った言葉として古来有名である。(『三国志』諸葛亮伝)

◉木、縄に従えば正し――王珪

諫議《かんぎ》大夫王珪《おうけい》対《こた》へて曰く、臣聞く、木、縄《じょう》に従へば則ち正しく、君、諫めに従へば則ち聖なり、と。故に、古者《いにしへ》の聖主には、必ず諍臣七人あり。言ひて用ひられざれば、則ち相継ぐに死を以てす。陛下、聖慮を開き、芻蕘《すうじょう》を納る。愚臣、不諱《ふき》の朝にある。実にその狂瞽《きょうこ》を罄《つく》さんことを願ふ、と。太宗、善しと称し、詔《みことのり》して是より宰相内に入りて、国計を平章《へんしょう》するときには、必ず諫官をして随《したが》ひ入りて、政事を預り聞かしめ、關説《かんせつ》ところ有らしむ。

諫議大夫の王珪*が答えて言った。「私はこう聞いている。『曲がった木でも墨縄に従って切れば真っ直ぐになるように、君主も諫めに従えば聖主となる』と。それゆえに、昔は名君には必ず諫める臣が七人おり、諫言が用いられなければ次々に死をもって諫めた。陛下は心を開いて、賤しい者の意見をも取り容れている。私どもはたとえ思慮が足りなくても、全力を尽くす所存です」と。太宗は、王珪の言を認め、以後宰相が参内して国策を処理するときには、必ず諫官を同席の上、意見を述べさせた。

◉心を組む――宮大工西岡棟梁

さて我が国には、宮大工棟梁に代々伝えられてきた家訓がある。

西岡常一*氏（一九九五年歿、八十六歳）は、師匠から口伝を受けて継承し、法隆寺・薬師寺の改修など歴史に残る大事業を成しとげ、同時に優れた弟子を育てた。その家訓は宮大工の世界にとどまらず、リーダーのあり方として深い示唆に富んでいる。例えば…

○堂塔の建立には木を買わず山を買え。

○堂塔の木組みは木の癖組み。木の癖組みは工人等の心組み。工人等の心組みは匠長が工人等への思いやり。

○百工あれば百念あり、一つに統ぶるが匠長の器量なり。一つにとどめるの器量なきは謹み惶《おそ》れ匠長の座を去れ。

堂塔は、山を一まとめに買って建立する。同じ山でも、場所によって木の育ち方が違う。一本一本癖がある。まして人は百人百様だ。個々の特徴をどう組み合わせて活かすかが棟梁の務め、それができなくなったら辞めよ。全責任は自分が負うという、棟梁の覚悟が伝わってくる。工人たちもどれほど奮起したことだろうか。

西岡氏は、自伝の中で次のように述べている。「法隆寺はこの口伝の教え通りにつくられていた。だからこそ、千年後の今に残っている」と。（『宮大工棟梁・西岡常一「口伝」の重み』日本経済新聞社）

上下の一体感が薄れて衰退した会社・団体の例は多い。

概してトップは頭がよく、誰よりも勉強し自負心に燃えているが、周囲がみな無能に見えて、人を信任できなくなる。周りはイエスマンで固まり、骨のある部下は離れていく。本人はますます忙しくなる一方、部下は指示待ち集団と化し、果ては一将功成らずして、万骨も枯れてしまう。アガサ・クリスティの小説ではないが、後ろを振り返って「そして誰もいなくなった」と気づいたときにはもう遅いのだ。

本人が無能では困るが、徳望がなければ集団をまとめ率いることはできない。一人でできることには限りがある。二つずつの耳目よりも、百千の耳目の威力。それを信ずるリーダーの下で、会社は初めて総力を結集し発展していくものと私は思う。

劉備玄徳　［161〜223］　中国、三国時代の蜀漢《しょっかん》の初代皇帝。在位221〜223。字《あざな》は玄徳。諡《おくりな》は昭烈皇帝。前漢景帝の後裔という。関羽・張飛らの豪傑と、軍師諸葛亮を従え、魏の曹操、呉の孫権と覇権を争った。孫権と結んで曹操を破った赤壁の戦いは有名。221年、成都でみずから帝位に就き、国号を漢と称したが勢威振るわず、陣没した。（大辞泉）

諸葛（亮）孔明　109ページ参照。

王珪　21ページ参照。

西岡常一　［1908〜1995］　宮大工。奈良県生まれ。法隆寺累代棟梁《とうりょう》西岡家3代棟梁楢光の長男。法隆寺の「昭和の大修理」で、世界最古の木造建築の金堂や五重塔など全伽藍《がらん》の解体修理を手がけた。薬師寺金堂、西塔の復元再建にも尽力。1992年文化功労者に選ばれた。

澄んだ川の流れはその源に始まる

トップリーダーの考えは、その言動を通じて下部に伝わり、良きにつけ悪しきにつけ、やがてその組織の体質となっていく。

◉へつらい者を見分ける方法はあるか

貞観の初め、上書して佞臣《ねいしん》を去らんことを請う者あり。太宗謂いて曰く、朕の任ずるところは、皆もって賢なりとなす。卿《けい》、佞者の誰なるかを知るや、と。対《こた》えて曰く、臣、草沢に居り、的《あきら》かに佞者を知らず。請う、陛下、いつわり怒りてもって群臣を試みよ。もしよく雷霆《らいてい》を畏れず直言進諫《しんかん》するは、すなわちこれ正人なり。情に順《したが》い旨に阿《おもね》るはこれ佞人なり、と。（巻五、論誠信篇第一章）

貞観初年、上書して佞臣（へつらい者）を退けるよう進言した者があった。太宗は、「私が任用している者は、いずれも賢人だと思っている。佞者とは誰を指すのか」と問うた。進言者は、「自分は民間人なので、誰であるかは知らない。陛下が、試しに偽って怒ったふりをしてはどうか。畏れずに諫言する者は信頼すべき正人であり、阿諛迎合《あゆげいごう》する者は佞人です」と。

◉流水の清濁はその源にあり

帝、封徳彝《ほうとくい》に謂いて曰く、朕聞く、流水の清濁はその源にあるなり、と。君は政《まつりごと》の源、人庶はなお水のごとし。君自ら詐《いつわり》をなして、臣下の直を行わんことを欲するは、これなお源濁りて水の清からんことを望むがごとし。理として得べからず。朕つねに魏《ぎ》の武帝の詭詐《きさ》多きをもって、深くその人となりを鄙《いや》しむ。この言、あに教令をなすに堪うべけんや、と。上書の人に謂いて曰く、朕、大信をして天下に行われしめんことを欲す。詐道をもって俗に訓《おし》うるを欲せず。卿の言は謂われなし。朕が取らざるところなり、と。

太宗は、宰相の封徳彝*に言った。「川の流れの清濁はその水源にある、と聞く。君主は政治の源であり、人々は川の流れである。君主が自ら詐術を用いて、臣下に廉直を求めるのは、水源が濁りながら川の流れが澄むことを望むのと同じだ。道理にかなわない。三国時代の雄、魏の武帝・曹操《そうそう》*は人に詐術を用いることが多かったので、私はその人柄を軽侮してきた。教令を発し、偽って部下の正邪を試すことはできない」と。そして進言者を呼んで、「私の念願は、大きな信義が広く天下に行われることだ。詐術は用いてまで教えたくはないので、そなたの言は採用することはできない」と述べた。

三国志の魏の曹操は権謀術数に長けた梟雄《きょうゆう》*と伝えられるが、実際には武勇に秀でた詩人であったとする説も有力である。息子の曹丕《そうひ》が後漢の献帝を廃して皇帝になったときに、武帝と諡《おくりな》された。

◉ささやかな体験に照らして

太宗のこのエピソードを読んで、私にはいくつかの記憶が蘇る。

まずは、静岡県の大井川流域、藤枝市にある青島酒造という銘酒「喜久酔」の蔵元である。数年前、今は亡き先代の社長の話を聞いた。青島さんは次のように語った。「大井川の豊かな伏流水のお陰で今がある。私の所だけではない。若い頃に、水源を確かめたいと思い、南アルプスの山奥に入った。そして、緑の中からこぼれる美しく輝く水滴を手に受け、ついに源を突き止めたと感激した。これぞ命の水、大事にしようと思った」と。勧められて味わった地下深くから汲み上げたばかりの水は、清冽な味わい深いものであった。

次は、土光敏夫氏である。東芝の再建にあたり、土光さんは常々「情報の電離層をなくせ」と語った。「情報の流れを途中で遮ってはならない。上下左右のコミュニケーションを活発にせよ。報告は立ち話でも済む。会議は短時間でよい」というのである。土光さんの飾らない人柄とともに、この言葉は私たち末端まで伝わってきた。土光さんの「チャレンジ・レスポンス経営*」も、できないことを無理強いするのではなく、上下左右、活発な議論により情報を共有し、全社の一体感を高めようとする試みだったと私は思う。

三つ目は、私自身のささやかな経営体験で、繰り返し説くことの大切さを学んだ。中日本高速道路の会長に就任して、幹部とも相談の上、経営会議に諮《はか》り、会社の経営理念*を「良い会社で、強い会社」に決めた。多くのステークホールダーに信頼され慶ばれる会社になれば、適正な利益を挙げる強い会社になれる、という信念である。その順序を逆にして儲かる強い会社にしたいあまり、悪い会社にしてはならない、と説いたのである。前線にも徹底しようと、極力現場に出かけて語ったが、協力を得る難しさに直面した。五回位では聞き流され、十回位でやっと「会長は本気らしい」と思ってもらえ、その後段々と一人ひとりが自分の問題として考え始めるようになる。美辞麗句なしに馬鹿の一つ覚えのように説き続ければ、必ず分かってもらえることを実感した。

本章を読んで私は今、陛下が皇太子時代の平成二九年（二〇一七年）に、歌会始で詠まれたお歌を思い起こしている。題は「野」であった。

岩かげにしたたり落つる山の水大河となりて野を流れゆく

宮内庁の解説では、平成二〇年（二〇〇八年）に笠取山に登り東京都水道水源林をご視察されたときのもので、「このお歌は、その折に、多摩川源流となる、岩から滴り落ちる一滴一滴の水とその先の小さな水の流れを御覧になり、その流れゆく先に思いを馳せられてお詠みになったものです」とある。生き生きした情景が目に浮かぶようである。

封徳彝　76ページ参照。

曹操　［155〜220］中国、三国時代の武将。魏《ぎ》の始祖。譙《しょう》（安徽《あんき》省）の人。字《あざな》は孟徳《もうとく》。後漢末、黄巾の乱の鎮圧を機に勢力を伸ばし、中国北部を統一。南下を試みたが、赤壁の戦いに敗れ、呉の孫権、蜀の劉備とともに天下を三分した。魏王となり、死後、武帝と追尊された。（大辞泉）

梟雄　残忍で勇猛な人。

チャレンジ・レスポンス経営　31ページ参照。

中日本高速道路の経営理念　二〇〇六年、①お客様を第一にする②衆知を集める③現場に立って考え行動する④変革を続ける⑤約束を守る、この五原則を束ねる経営理念として「良い会社で、強い会社」を掲げた。

母に感謝する日

太宗は、生涯を通じて自らを厳しく律し、臣下の諫言をよく聴取採用して、今も「貞観の治」と称えられる輝かしい時代を築いた。その大宗に、母親への切なる思いを語った異色の一節がある。

◉自分の誕生日に何を祝うか

貞観十七年十二月癸丑《きちゅう》、太宗、侍臣に謂いて曰く、今日はこれ朕《ちん》の生日《せいじつ》なり。俗間《ぞくかん》、生日を以て喜楽すべしと為す。朕の情に在りては、かえって感思《かんし》を成す。天下に君臨し、富、四海を有《たも》ちて、しかも侍養《じよう》を追求するに、永く得べからざるなり。仲由《ちゅうゆう》、負《ふ》米《べい》の恨みを懐《いだ》く、まことに以有《ゆえ》るなり。いわんや詩に云う、哀哀《あいあい》たる父母、我を生みて劬勞《くろう》す、と。いかんぞもと劬勞の辰《しん》たるを以て、ついに宴楽のことを為さん。はなはだ是れ禮度にそむく、と。よりて泣《なみだ》下る。（巻七、論禮樂篇第十一章）

貞観十七年十二月のある日、太宗は侍臣たちに語った、「今日は私の誕生日である。世間では誕生日は喜び楽しむべき日としている。しかし私の心には、かえって感傷の思いがつのる。私は天下を統べる君主となり、四海の富を全て保有しているが、母の養育の恩に対して孝養を尽くしたくとも、永くはできない。昔、孔子の高弟であった仲由（子路*）が、親を亡くした後で、もう親のために米を背負って歩けなくなったと恨んだのは、まことに理由があった。古い詩にも、〝悲しいことに、父母は私を生んで苦労した〟とある。私の誕生日は、本来は母が苦労をした最初の日である。どうして私に宴楽などができようか。それは、礼に反する行いである」と。そして涙を流した。

詩の一節は、海音寺潮五郎の名訳（『詩経』講談社）で読んでみたい。

◉子育ての苦労と感謝

・つのよもぎうまきも
老《た》くれば硬き草よもぎ
いたましや、父母　吾をよきものにせむとて　かくも苦労し給ひしか
つのよもぎうまきも
老くればあらき男よもぎ

いたましや、父母　吾をよきものにそだてむと　かくもやつれたまひしか

・徳利の尽くるは酒甕の恥
親を養わぬは子の恥
あさましきこの身

生きてあらむより死するぞよき
父なくば何をたのまん
母なくば何をたのまん
世に出ては憂ひはてなく
入りては寄るべきところなきなり

・父、吾を生み　母、我を養ひ
我を撫で、我をはぐくみ
我を長じ、我を育て
我をかへりみ、くりかへし育てぬ　出づる入る、我をふところにせし
あはれ、この恩に報いんとすれども　天のかぎりなきに似たるかな

・南山はたかくけはしく

つむじ風吹き荒るる世にしあれど
人は皆生くる道あり
何とて、我のみ生きのけはしきぞ
南山高くさがしく
つむじ風吹きすさぶ世にしあれど
人は皆生きる道あり
何とて、我のみ孝を終へられぬぞや

親を慕う子の思いは、昔も今も変わらない。

親孝行をしようとしたときには、親はもうこの世にはいないか、あるいは、生きていても余命は残り少なくなっている。寿命の短かった昔は、子としてもっといろいろしてあげればよかったのにと、ほぞを噛むケースが今よりもはるかに多かったのではないか。

自分の誕生日は、親の苦労の始まりだった。今日はとりわけ母への感謝の日でこそあって、自分のために宴楽はしないと太宗は言う。今の感覚では少々大げさに過ぎないかと思えるが、当時の背景となった事情には特別のものがあったのだろうと推測する。それにしても、自分を生み苦労して育ててくれた父母、とりわけ母親を慕う太宗の気持ちは現代人にも切々と伝わってくる。

また、子を思う親の心も国の別なく、昔も今も変わらない。

七〜八世紀の日本に生まれた万葉集にも、山上憶良の*一首「銀《しろがね》も　金《くがね》も玉も　何せむにまされる宝　子にしかめやも」があって、今の人々の心をとらえている。

親子・夫婦・兄弟が互いに寄り添い、感謝し合うことによって融和した家庭が生まれ、人が育ち、そこを起点として優れた社会活動が広がっていく。良い家庭は社会変革の原動力だと私は思う。

子路　〔前543〜前481〕中国、春秋時代の人。孔門十哲の一人。魯《ろ》の人。姓は仲、名は由。武勇にすぐれ、孔子によく仕えたが、衛の内乱で殺された。季路。（大辞泉）

山上憶良　〔660〜733ころ〕奈良前期の官人・歌人。大宝2年（702）渡唐し、帰国後、伯耆守《ほうきのかみ》・東宮侍講・筑前守を歴任。思想性・社会性をもつ歌を詠んだ。万葉集に長歌・短歌・旋頭歌《せどうか》・漢詩文がある。歌集「類聚歌林」の編者。作「貧窮問答歌」「子等を思ふ歌」など。（大辞泉）

事業の成否は優れた人材の登用による

いかに優れたリーダーでも、事を為すには優れた部下の協力が絶対に欠かせない。一人では何もできないからである。では、どのような基準で選べばよいか。

◉徳行と学識ある者を任用せよ――太宗

貞観二年、太宗侍臣に謂いて曰く、政《まつりごと》をなすの要は、ただ人を得るに在り。用うることその才にあらざれば、必ず理を致し難し。今、任用するところは、必ずすべからく徳行・学識をもって本となすべし、と。（巻七　崇儒学篇第四章）

貞観二年、太宗が左右の侍臣たちに語った。「政治を行う上で最も大事なことは、何をおいても優れた人材を得ることだ。任用している者に力量がなければ、良く国を治めることはできない。今、人材の登用にあたっては、必ず徳行と学識の二つを根本の基準にすべきである」と。

◉真に学識ある者とは——王珪

諫議《かんぎ》大夫王珪《おうけい》曰く、人臣となりてもし学業なくんば、前言往行を識《し》る能《あた》わず、あに大任に堪えんや。漢の昭帝の時、詐《いつわ》りて衛太子と称するものあり。聚《あつ》まり観る者数万人、衆みな惑いを致す。雋不疑《しゅんふぎ》、断ずるに蒯聵《かいかい》の事をもってす。昭帝曰く、公卿大臣はまさに経術ありて古義に明かなる者を用うべし、と。これすなわちまことに刀筆の俗吏の比擬《ひぎ》すべきところにあらず、と。太宗曰く、まことに卿の言のごとし、と。

諫議大夫の王珪は答えた。「臣下たる者は、学問をしなければ古昔の賢人の言行を識ることができず、それでどうして重責を担うことができましょう。漢の昭帝*のときに、ある男が偽って我こそは衛太子*であると名乗り出た。数万人が集まり、真偽のほどを誰も決めかねていたが、都知事の雋不疑*が駆けつけてただちに偽者と断定し、その男を獄に投じた。彼の判断は、春秋時代の蒯聵*の故事に基づいている。昭帝はその処断を高く評価し、大臣宰相は経学があって歴史に通じた者を用いるべきだ、と語った。このようなことは、文書を司るだけの小役人には到底真似のできるものではありません」と。太宗はこれを聞いて、「まことに公の言う通りである」と述べた。

ちなみに、昭帝は前漢の第八代天子で武帝の子。衛太子は武帝の長子で昭帝の兄、太子となったが無実の罪を着せられ自殺した。蒯聵は、春秋時代の衛霊公の世子。父と不和になり宋に亡命、霊公の死後に孫の輒《ちょう》が立ったので、衛に戻って後継を争い、蒯聵が入って荘公となり輒は出奔した。父子相克の事件であった。

◉才徳兼備の人の登用

太宗の求めた才ある優れた人材とは、人徳を備えて人々の信望を集め、歴史を探究して人や国の興亡の理を学び、詩文に親しんで情操を深め、本物の教養を身につけ、事にあたっては果断と実行力を持つ人物である。まさに才徳兼備の人を指す。先例知識を詰め込んだだけで頑迷にそれにこだわり、変えてはならないことと柔軟に変えねばならないこととの違いをわきまえず、まして何ら実践を伴わない頭でっかちを求めたのではない。

ここで、『論語』子路篇の一節、士（リーダー）たる者の人物像について孔子が語った言葉を振り返りたい。子貢の問いに対し、孔子は第一級の人物に「己を行いて恥あり、四方に使いして君命を辱めず」を挙げ、第二級は「宗族孝を称し、郷党弟を称す」とし、第三級は「言必ず信、行必ず果あり」と答えた。自分の良心に恥じない行動をとり、親孝行で敬老精神の持ち主、すなわち徳行ある人物を最も高く評価している。そういう人なら、国を代表して使節となっても外国から侮られることはなく、発言には信義があり行動は必ず良い結果をもたらす、と説いたのである。この一節は、『論語』リーダー論のハイライト、「才徳兼備」の人づくりを説いたところ、と私は思っている。

学問の重要性について孔子は、学ぶのは自らの人物を磨くためであり、物知りとして人に知られるためではない、と繰り返し語っている。第一級の国命を立派に果たすのも、第三級の才知溢れる言動も、身に付いた学識が必須の前提条件であった。

◉人材の育成

才徳兼備の人物を得る難しさは、昔の帝国も今の企業においても同じである。才徳ともに完成された人は、聖人と称される若干の例外を除いてほとんど存在しない。となれば現実には、棺を覆うまで成長し続けようとする意欲の持ち主を求め、育てるしかない。一生かけてどこまで到達できるかは人それぞれだが、ここに企業や団体での人材育成、学校や家庭における教育の重要性があると私は思う。

優れたリーダーの育成は、実に喫緊の社会的課題ではあるまいか。

昭帝　[前94〜前74]　中国、前漢第8代の皇帝（在位前87〜前74）。姓名は劉弗陵《りゅうふつりょう》。武帝の第6子。大司馬大将軍霍光《かくこう》の補佐を得て、国力の回復に尽力した。（日本国語大辞典）

衛太子　[前128〜前91]　劉拠。中国、前漢の武帝の長子。昭帝の兄。武帝の親族、江充と対立。江充は衛太子を誣告。衛太子は江充を斬ったが、武帝に謀反と見なされ、逃亡先で自害した。武帝は衛太子の死後、その冤罪を知って後悔した。武帝の死後、後は衛太子の弟、昭帝が継いだ。

雋不疑　中国前漢の政治家。昭帝のとき、謀反を防いだ功績で京兆尹（都知事）に昇進した。

蒯聵　中国、衛の霊公の子。蒯聵が霊公の夫人南子（自分の母）を殺そうとして失敗し、宋へ出奔。霊公が死ぬと、蒯聵の子の公子輒《ちょう》が即位した。蒯聵が後に国に戻ったことを『春秋左伝』が非難するのと同じで、父の武帝に罪を働いて出奔した衛太子が戻れば罪人であるとして、雋不疑は捕縛させた。

ねたみと中傷にどう対処するか

いつの世でも、有能な人物が重用されるのをねたみ、自分の能力は棚に上げて、もっともらしい批評家となり、あれこれと中傷する者がいる。上に立つ者は、これにどう対処すればよいか。

◉魏徴は君主を子ども扱いにする！

貞観十年、権貴《けんき》、魏徴を疾《ねた》む者有り。毎《つね》に太宗に言いて曰く、魏徴、凡《およ》そ諫争《かんそう》するところ、委曲《いきょく》、反覆《はんぷく》し、従わずんば止《や》まず。ついに陛下を以て幼主と為し、長君に同じからざらしめんと欲す、と。（巻六、杜讒佞篇第五章）

貞観十年に、諫議大夫魏徴が重用されるのをねたみ、高位高官の者が太宗に向かって事あるごとに魏徴を中傷した。「魏徴の諫言はくどくどと何度も繰り返し、陛下がそれに従うまではやめようとしない。これは陛下を子ども扱いにし、成人の君主と同じようにせず、軽視している現れです」と。

◉世の安寧は魏徴らあってこそ――太宗

太宗曰く、朕はこれ達官《たっかん》の子弟にして、少《わか》きより学問せず、ただ弓馬を好めり。起義に至りて、即ち大功あり。すでに封ぜられて王となり、偏《ひとえ》に寵愛を蒙《こうむ》る。理道政術、都《すべ》て心に留めず。また解する所にあらず。太子となり、初めて東宮に入るに及び、天下を安んぜんことを思い、已に克ちて理を為さんと欲す。ただ魏徴と王珪とのみ、我を導くに礼儀を以てし、我を弘むるに政道を以てす。我、勉強してこれに従い、大いにその利益なるを覚り、力行して息まず。以て今日の安寧を致せり。並びにこれ魏徴等の力なり。特に礼重《れいちょう》を加え、毎時聴従《ちょうじゅう》する所以《ゆえん》は、これに私《わたくし》するにあらざるなり、と。言う者すなわち慙《は》じて止《や》む。太宗、呵《か》してこれを出《いだ》さしむ。

この讒言《ざんげん》に対し、太宗は次のように言った。「私は隋朝の高官の子に生まれ、若いときから学問をせず、弓馬の術だけを好んだ。隋末に義兵を挙げて群雄を撃破して大功を挙げ、秦王に封ぜられ、父・高祖にことのほか愛された。当時は、政治の方法や政策については何も考えなかったし、理解もしなかった。皇太子となり東宮に住むようになってから、次の時代の平和な治世を考えるようになり、自己の欲望に打ち勝って良い政治をしようと心に誓った。いろいろと意見をしてくれる者はいたが、とりわけ魏徴と王珪の二人は礼儀道徳によって私を導き、政治のあり方を教えて私を成長させてくれた。私は勉励し二人の教えに従い、それが私にも国家にも大きな利益となることを覚り、努力を怠ることはなかった。そうして、今のような平和で安らかな世の中ができたのだ。全てこれは、魏徴らの力である。その故に手厚い待遇をし、常にその進言を聴き従っているのであって、私情などはどこにもない」と。

中傷した者は恥じて黙ってしまい、太宗はその者を叱りつけて退席させた。

◉リーダーの条件とは

唐という当時世界で最も栄えた国の基礎は、太宗の貞観の治によって築かれた。君臣相和して国づくりに励んだ結果だが、その偉業は、太宗が魏徴や王珪らに全幅の信頼を置いて揺るがず、彼らも全身全霊でその期待に応えたことによって実った。

この章を読んで感じたことは、太宗自身の人間的成長、いわばステージごとの脱皮の鮮やかさである。それを可能にしたのは、本人の謙虚さだと私は思う。武に秀でた若者が千軍万馬、抜群の武功を挙げて隋を倒し高い地位に登ったが、皇太子となったときに先行きの国づくりを思い、学問のなさを痛感して一心に学び始めた。そのときの師匠が、身分では臣下であっても、魏徴、王珪ほか直言をいとわない人々であった。当時の学問とは、人格を錬磨する『論語』など孔子の教えであり、国や人の盛衰を綴った『史記』などの史書であった。治世が永く続いても、太宗は驕り高ぶることなく、謙虚な姿勢で終始一貫したことは、まさに特筆に値するものがある。

本章は、現代のリーダーにとっても頂門の一針となろう。

部下にどれほど能力があっても、それを見抜き、重用する度量を持った上長がいなければ、部下は十二分に力を発揮することはできない。頭がよいと自負する人ほど、部下に人がいないと嘆き、従って部下の意見を聴かず、かえって部下のあら捜しをし、無理難題を投げ掛け、あげくの果てには梯子《はしご》を外して恥じるところがない。このような上長の元に優れた部下が育つ道理はないのである。

組織の中に打てば響くような上下関係を築くことは、時を超えた永遠の課題であり、そのヒントを貞観政要に求めたいと私は思う。

備えあれば憂いなし

先見性は、リーダーの必須の要件である。

今回は、太宗が国家安寧のために軍備の必要を述べた一節を紹介したい。歴史の教訓に学びながら、国を守ろうとする為政者の思いが伝わってくる。

◉戦いを忘れれば国が危うい

太宗の帝範《ていはん》に曰く、それ兵甲《へいこう》は国の凶器なり。土地広しといえども、戦いを好めば則ち人凋《そこな》わる。邦境《ほうきょう》安しといえども、戦いを忘るれば則ち人殆《あやう》し。凋《ちょう》は保全の術に非ず。殆《たい》は擬寇《ぎこう》の方に非ず。以て全く除くべからず。以て常に用うべからず。故に農隙《のうげき》に武を講ずるは威儀を習うなり。三年に兵を治め、等列を辨《べん》ずるなり。ここを以て、句践《こうせん》、蛙《あ》に軾《しょく》し、ついに覇業を成す。徐偃《じょえん》、武を棄て、ついに以て邦《くに》を喪《うしな》う。何となれば則ち、越はその威儀を習い、徐はその備えを忘るればなり。孔子曰く、教えざるの人をもて戦う、これを棄《す》つと謂う、と。故に知る、孤矢《こし》の威、もて天下を利するを。

これ兵を用うるの機なり、と。（巻九、議征伐篇第二章）

太宗は、太子に書き与えた『帝範』*で次のように述べている。「軍備は、国家にとっては凶器である。いかに大国といえども、戦いを好めば人民は疲弊する。一方、いま国境は平安でも、戦いを忘れれば侵略の危険にさらされる。人民の疲弊と侵略の危険は、国家保全の術でも敵に打ち勝つ方法でもない。軍備は廃してはならないが、むやみに行使すべきものでもない。それゆえ、農閑期の軍事訓練は兵士の心構えを高め、三年に一度の大演習は隊伍を整えるために行う。昔、越王句践*は、敵を威嚇する蛙をたたえて車上から敬礼し、ついに呉を滅ぼし覇業を成就した。しかし徐の偃王*は、武備を捨てたために国を滅ぼしてしまった。この二人の違いは何か。句践は武備を怠らず、偃王はそれを忘れたことが、両者の命運を分けた。孔子の語に『教育訓練しない人民を用いて戦争をするのは、棄民そのものだ』（『論語』子路篇）とある。それゆえ、弓矢の威力を立てる、つまり武備は天下を利することになると知った。これは兵を用いる場合の要諦である」と。

◉遠き慮《おもんぱか》りと企業経営

国防の重要性は、今も昔も少しも変わらない。

二〇二二年二月のロシアによるウクライナ侵攻に端を発し、世界情勢は急変してきた。欧州から遠く離れた日本においても、国民の間で安全保障に対する関心が格段に高まってきた。今は安全で平和であっても、それは将来の保証にはならないと考える人が多くなっている。

『論語』にも「人にして遠き慮り無ければ、必ず近き憂い有り」（衛霊公篇）とある。そして、万一の場合を想定して万全の備えをすることは、国のみならず企業経営にも当てはまる重要課題である。政治と経済は車の両輪といわれるが、地域や国家間の政治状況の安定は、自由な経済活動の大前提であることは論を俟《ま》たない。

こうした状況の中で、心あるリーダーは、三年、五年、さらには十年先をも考える。未来の予想図は、ちょうど扇を開いた形に似ている。広がりは先に行くほど大きくなり、環境が激変する時代ほど確たる未来は予測し難い。不確定要因が多いからである。しかし、一国の指導者が外交と安全保障政策を通じて国を守るように、企業経営者も環境変化に柔軟かつ迅速に対応しつつ、自社の存続発展に腐心するのである。

多くの企業では、中（長）期計画をつくって将来に備えている。

扇の要は初年度の事業計画と予算であり、次年度は見直した新計画の初年度となり、計画は先へ先へと伸びる。そのようにして、計画は現実性を高めて行くのである。

未来を考えることは、取り越し苦労ではない。

あらゆるケースを検討した上で、それに一喜一憂せず、着々と必要な備えをする。今此《いまこ》所《こ》においては最善を尽くし、年ごとに必要な修正を加え計画を書き換える。「変えねばならないこと」は臨機に躊躇なく変え、経営の基本姿勢である「変えてはならないこと」は堅守する。

会社とステークホルダーとの関係を考えてみたい。会社として収益をどう配分するかは、経営の基本姿勢にかかわる。税金を納め、社員への報酬、株主配当、地域貢献、先行投資、危機に備える内部留保など、ステークホルダー全体のために適切な配分を考える。個々の比重は時々で変わることがあっても、長期的には企業価値を向上させ会社の持続可能性を高める道でもある。その点で近年、日米欧において株主至上主義への反省と、ステークホールダー原則への回帰が論じられていることは、注目に値する。さらに議論が深まることを期待したい。

帝範　中国の政治書。4巻12編。唐の太宗撰。６４８年成立。帝王として模範とすべき事項を記し、太宗の子（のちの高宗）に与えたもの。「貞観政要」とともに、帝王学の教科書として有名。（大辞泉）

越王句践　［前４９６～前４６５］　中国、春秋末の越の王。父の代以来隣国の呉とは宿敵の関係にあった。句践が呉王闔閭《こうりょ》を破ると、闔閭の遺命をうけた子の夫差は、2年後に句践を会稽山に下した。句践は，范《はん》蠡《れい》らとともに臥薪嘗胆《がしんしょうたん》し、前４７３年に呉を滅ぼした。その後，越の勢力は盛んになった。

偃王　中国、周の穆王《ぼくおう》は、楚に命じて徐を伐たせた。徐の偃王は「文徳に頼って武備を明らかにせず、故にここに至る」と言い、楚に亡ぼされた。

謙虚さによって有終の美を

「終わり良ければ全てよし」（All's Well That Ends Well）とは、シェークスピアの芝居の題だが、なかなか思うようにはいかない。

人さまざまで、将棋の藤井聡太棋士や野球の大谷翔平選手のように若くして天才を発揮する人がいれば、歳とともに輝きを増し大成する人もいる。一方、幼児で神童・二十歳にはただの人という早熟に終わる人生もあり、長じて成功しながら晩節を汚す生涯もある。国や会社も同じではないか。

◉人道は謙を好む――太宗

貞観二年、太宗、侍臣に謂いて曰く、人言う、天子となれば、則ち自ら尊崇するを得、畏懼《いく》する所なし、と。朕はすなわち以為《おも》えらく、正に合《まさ》に自ら謙恭して、常に畏懼を懐《いだ》くべしと。昔、舜、禹を誡《いまし》めて曰く、汝これ矜らず、天下、汝と能を争うなし。汝これ矜《ほこ》らず、天下、汝と功を争うなし、と。また周易に云く、人道は盈《えい》を悪《にく》みて謙を好む、と。凡《およ》そ天子となりて、もしただ自ら尊崇し、謙恭を守らざる者は、身に在りて、もし不是のこと有りとも、誰かあえて顔《かんばせ》を犯して諌奏せん。（巻六、論謙譲篇第一章）

貞観二年、太宗は側近に語った。「人は皆、『天子になれば、自分であがめ尊ぶことができ、何一つ恐れることはない』と言うが、私はそうではないと考えている。昔、舜が禹*をいましめて、『汝は謙虚にして自分の賢さや手柄を誇ることがなければ、汝と能力や功績を争う者はない』と述べた。また易経にも、『人情の常として、驕り高ぶる者を憎み、へりくだった謙虚な人を好む』とある。天子だからといって、自分を尊大にして謙虚さを忘れれば、何かよくないことが起きたときに、面を犯してまでそれを指摘する者がいるだろうか」と。

◉天意と人々の声を恐れる――太宗

朕、一言を出し一事を行うを思うごとに、必ず上、皇天を畏れ、下、群臣を懼《おそ》る。天は高けれども卑《ひく》きに聴く、なんぞ畏れざるを得ん。郡公卿士みな瞻仰《せんぎょう》せらる、なんぞ懼れざるを得ん。此をもって之を思うに、ただ常に謙し常に懼るるを知れども、なお天心及び百姓《ひゃくせい》の意に称《かな》わざらんことを恐るるなり。

続いて、次のように語った。「私は一言を発し一事を行おうとするたびに、必ず天や臣下の意向に反していないかを考える。天は高い所にあるが全てお見通しだし、群公や卿士はみな君主の一挙一動に注目しているのに、どうして恐れずにいられるだろうか。日頃から謙虚に振る舞い、過ちのないように自戒する必要は知ってはいても、なお天の意志と人々の意向に合致していないかどうかを恐れるのである」と。

◉終わりを全うするには――魏徴

魏徴曰く、古人云う、初め有らざる靡《な》く、よく終有るは鮮《すくな》し、と。願わくは陛下、この常に謙し常に懼るるの道を守り、日、一日を慎まんことを。すなわち宗社永く傾敗《けいはい》するなからん。唐虞の太平なる所以は、実にこの法を用うればなり、と。

諫議大夫魏徴が答えた。「古人も『初めはよくても、終わりまで全うする者は少ない』と言っている。どうか陛下におかれては、常に謙虚に振る舞い、戒めを守って日増しに謹慎されますよう。そうであれば、国政の基盤が揺らぐことはなく、我が国は永く繁栄し、滅亡の危殆に瀕することもないでありましょう。聖天子と称えられる堯・舜*の時代が平和で繁栄したのは、まことにこれを心がけたからにほかなりません」と。

この問答を読んで、謙虚さについて改めて考えて見た。

謙虚さは、自分がまだ未熟であるという思いから生ずる。そうでなければ、天意を聴こうとしたり、人の話に耳を傾けたり、読書に励んで何かを学ぼうという気にはならない。謙虚と卑下とは、外形は似ていても内実は全く異なる。自分にはもっと大きな可能性があると信じ、今の自分はその過程にあるに過ぎないという思いがあってこそ、初めて本物の謙虚さが生まれるのであろう。人に教えを乞うて頭を下げることを厭わない人は、真の自信の持ち主といえるのではあるまいか。

『老子』*は大器晩成を説いているが、それは晩年には大器になるという意味ではなく、棺を覆うまで成長し続ける者を大器と言った。分野や到達したゴールの高低は人によって異なるにせよ、死ぬまで現在進行形 -ing の人にとって、多少の成功で天狗になり、ましてや晩節を汚すことなどはあり得ないであろう。

幕末の碩学・佐藤一斎は『言志四録』の中で、次のように述べている。

少にして学べば、即ち壮にして為すことあり。

壮にして学べば、即ち老いて衰えず。

老いて学べば、即ち死して朽ちず。

年とともに身にしみる言葉である。

トップリーダーが有終の美を飾ることによって、その人生と率いる事業とにどれほどの豊かさを産み出すかは、計り知れないものがあると私は思う。

夏の禹王　71ページ参照。

堯や舜の時代　46ページ参照。

老子　中国、戦国時代の思想書。2巻。老子の著といわれるが、一人の手になったものではない。道を宇宙の本体とし、道に則った無為自然・謙遜柔弱の処世哲学を説く。道徳経。老子道徳経。（大辞泉）

諫言をとがめない

耳に痛い言葉は、素直には心の中に入ってこない。良薬は口に苦しと頭では分かっていても、感情が受け入れることを拒むからだ。理解すれども納得せずで、言われた当人が行動を変えることはない。一方、諫言した側は、理由なく無視・拒絶されたうえ、不当に咎められたりすればなおさら、無駄な進言は二度とするまいと思うだろう。

◉遠慮なく私の過失を指摘してほしい――太宗

貞観十八年、太宗、長孫無忌《ちょうそんむき》等に謂いて曰く、それ人臣の帝王に対する、多く順従して逆らわず、甘言してもって容を取る。朕、今、問いを発す。隠すこと有るを得ず。よろしく次《じ》をもって朕の過失を言うべし、と。（巻二、納諫補篇）

貞観十八年、太宗が長孫無忌*らに語った。「臣下は帝王の意向に従順であろうとし、あえて逆らわず、むしろ言葉巧みに君主に容れられようとしがちである。いま私は、改めて公らに聞きたい。各々隠すことなく、私の過失が何かを順番に述べてほしい」と。

草創のときと異なり、貞観の治世も軌道に乗って、国の内外ともに安定していた頃の問答である。太宗の問いに対し、臣下の応えは二様であった。

◉何も間違いはない――長孫無忌他

長孫無忌・唐倹《とうけん》等みな曰く、陛下の聖化、太平を導致《どうち》す。臣をもってこれを観るに、その失を見ず、と。

長孫無忌、唐倹*以下の者が、口を揃えるようにして答えた。「陛下の聖徳が広く行われて、今日の泰平の世がもたらされました。私たちが観るに、何一つとして間違いはありません」と。

ちなみに、無忌は唐建国の功臣で、太宗の幼なじみでもある。建国のときに太宗に従って歴戦し、太宗の即位後は宰相よりも上位の三公となって政治を総覧した。賢夫人として誉れ高い文徳皇后（八六ページ、「皇后の直言と内助の功」参照）の兄である。

また、唐倹は、高祖が太原に挙兵して以来の功臣で、礼部尚書、民部尚書などの重職を歴任した。

◉上書への叱責がきつい――劉洎《りゅうき》

黄門侍郎劉洎対《こた》えて曰く、陛下、乱を撥《おさ》め化を造《な》し、実に功、万古に高きこと、誠に無忌等の言の如し。然れども頃《このごろ》、人の上書して辞理称《かな》わざる者有れば、或いは面に対して窮詰《きゅうきつ》し、慚退《ざんたい》せざるはなし。恐らくは進言を奨《すす》むる者に非《あら》ざらん、と。太宗曰く、この言是なり。まさに卿がためにこれを改むべし、と。

門下省次官の劉洎*が答えた。「陛下は乱世をしずめて、泰平の世を開きました。その功業が古来の帝王に勝って万世に輝くものであることは、無忌等の言う通りです。しかしながらこの頃は、腑に落ちないところがあります。例えば、上書して意見する者の言葉が少しでも理にかなわない点があれば、呼びつけられて面前で問い詰められ、ひたすら恥じ入って退出しない者はありません。これでは恐らく、諫言を奨励することにはならないでしょう」と。これに対し太宗は、「公の言の通りである。早速改めることにしよう」と述べた。太宗の度量の大きさを示す一章句である。

ちなみに劉洎は、貞観十八年に門下省長官となり、民部尚書に栄進した。皇太子を補佐したが褚遂良*と合わず、問題を起こして死を賜ったという。

この章は、いかにも現代的である。部下の提言や報告、時には批判に対してどう対処するべきか。重箱の隅をつつくように瑣末な問題点を指摘してばかりでは、部下はやる気をなくす。とはいえ、一句が全体を制する重要な意味を持つ場合があるので、細事をないがしろにはできない。そこに上長の見識が問われる。部下の仕事ぶりや意見具申に対しては、大所高所に立って、正しく褒め、正しく修正を加えることが必要である。的確な評価をすれば部下は承服し、組織活動が活性化し、外部からの評価も高まるのである。

土光敏夫さんは、一九六五年に業績低迷した東芝の社長に就任し、世間からは殿様商売と会社の体質を揶揄される中で、その社風改善のために率先垂範し、社員の意識改革を進めた。そして、チャレンジ・レスポンス経営*を掲げて風通しのよい風土をつくった。目標実現のため、立場の上下に関係なく、相互に自在な意見交換をする所に、発展の鍵があると土光さんは考えたのである。チャレンジと称して、上から一方的に押し付けるなどは、土光さんの本意とは全く異なるものであった。

諫言を重んじた太宗の、今日的な意味もそこにあると私は思う。

長孫無忌　［?〜659］　太宗の皇后の兄。太宗の片腕として活躍した。皇后の実子・李治（高宗）を補佐したが、高宗の則天武后冊立に反対し、謀反を武后派に告発されて、自殺を強いられた。

唐倹　晋陽の人。若いとき太宗と交わり、隋の政治の乱れるのを見て、太宗を助けて天下を平定した。貞観初年、民部尚書となった。

劉洎　104ページ参照。

褚遂良　104ページ参照。

チャレンジ・レスポンス経営　31ページ参照。

事業を永続させるための自戒

創業者の切実な思いは、現在の繁栄をどうやって子々孫々につなげるかにある。国も企業も同じである。そのために今できることは何か、と考えない人はあるまい。

◉自分の治世は正しいか？——太宗

貞観十六年、太宗、魏徴に問いて曰く、近古の帝王を観るに、位を伝うること十代なる者あり、一代・両代なる者あり、また、身に全きを得て生を失う者あり。朕、常に憂懼《ゆうく》を懐《いだ》く所以なり。或いは恐る、蒼生を撫養することその所を得ざらんことを。或いは恐る、心に驕逸《きょういつ》を生じ、喜怒、度に過ぎんことを。然れども自ら知ること能《あた》わず。卿、朕がためにこれを言うべし。まさにもって楷則《かいそく》となすべし、と。（巻十、慎終篇第七章）

貞観十六年、太宗が魏徴に尋ねた。「近世の帝王を観て思うに、子孫に位を伝えて十代に及ぶ者もあれば、一代、二代だけで終わった者もおり、極端な場合は、帝位を得た者自身が殺されてしまった者もいる。そうした先例を知るにつけても、私は心配でならない。

十分に人民を慈しんでいないのではないか、傲り高ぶり喜怒の感情に駆られてでたらめな政治をしているのではないか、と恐れている。しかし、自分のことは自分では分からないものだ。どうか、公は私のために意見を遠慮なく述べてほしい。心して守っていきたいと思う」と。

◉これからも自制して有終の美を——魏徴

徴対《こた》えて曰く、嗜欲《しよく》喜怒の情は、賢愚みな同じ。賢者はよくこれを節して、度に過ぎしめず。愚者はこれを縦《ほしいまま》にして、多く所を失うに至る。陛下、聖徳玄遠にして、安きに居りて危うきを思う。あに常情に同じからんや。然れども伏して願わくは、陛下常によく自ら心を制して、もって終わりを克《よ》くするの美を保たんことを。則ち万代永く頼《よ》らん、と。

魏徴が答えた。「嗜好や喜怒の感情は、賢者も愚者もみな同じように持っている。違いは、賢者は過度に発散させることがなく、愚者は自分を律することができずに、多くは身を滅ぼすにまで至る。陛下は聖徳が広く深く、太平の世にあっても危難の到来を忘れず、一般の者の感情と同じではありません。しかし一層自らを慎み、有終の美を飾るよう願います。

そうすれば、我が国は子々孫々に至るまで、陛下の聖徳を受け繁栄するでありましょう」と。

◉継続は力――歴史の教訓に学ぶ太宗

太宗は自分の言動を律するにあたり、信頼する臣下の諫言を重んじ、同時に歴史が教えてくれる国の興亡を反面教師とした。隋の煬帝、秦の始皇帝、夏の桀王、殷の紂王などだが、漢の始祖・高祖についても厳しい見方をしている。難しいことだが、どんな偉業でもどんなに良いことでも、継続しなければ意味がないと断じている。

貞観六年、太宗、侍臣に謂いて曰く。古より、人君の善を為す者、多くその事を堅守する能わず。漢の高祖は泗上《しじょう》の一亭長なるのみ。初めよく危うきを拯《すく》い暴を誅し、もって帝業を成せり。然れどもさらに数十年を延ばさば、縦逸の敗また保すべからず。

（巻十、慎終篇第二章）

貞観六年、太宗は侍臣に語った。「昔から、初めは立派な君主でも、途中でおかしくなった者が多い。漢の高祖劉邦*は泗水のほとりの宿場長から身を興し、よく暴虐の秦を滅ぼし帝王の座についた。しかし、その在世が数十年も延長していたら、わがままな振る舞いによって国を滅ばしただろう」と。その証拠に、皇太子を廃嫡して愛妾の子を立てようとし、建国の功臣である蕭何《しょうか》*と韓信*に罪を与え、黥布《げいふ》*は不安に駆られて反逆を企てるに至った、という例を挙げている。だから、どんなに今が安泰であろうと気を緩めず、終わりを全うしたいと太宗は考えたのだ。

右するか左するかに迷ったとき、人は何かを拠り所として決断する。その判断の尺度は、一朝一夕にでき上がるものではない。経験が積み重なり、汗の結晶としてその人なりの基準が生まれる。教科書に書いてあるお仕着せでは、いざ鎌倉という急場では、何の役に立たないものなのだ。

では、どうすればよいか。

特効薬はないが、少なくとも次の三点が必要だろうと思う。

①若いときの苦労は買ってでもせよ、という気概で経験を積むこと、
②良き師匠、上司、先輩、友人を持ち、叱責・指導・アドバイスを受けること、
③古今東西の古典から、人としてのあり方や組織の治乱興亡の原理を学ぶこと、

などである。

叱ってくれる師匠や先輩がいなくなった高齢者になってみて、古典が何よりも優れた羅

針盤となり、滋養となるものであるかを、近頃私はしみじみと感じている。

劉邦 ［前２４７〜前１９５］ 中国、前漢の初代皇帝。在位、前２０６〜前１９５。字《あざな》は季。廟号《びょうごう》は高祖。沛《はい》県（江蘇省）の人。始皇帝没後の前２０９年、陳勝・呉広の乱を機に挙兵。項梁・項羽と連合して軍を進め、項羽に先立って咸陽を陥れ、漢王に封ぜられた。さらに前２０２年、項羽を垓下《がいか》の戦いに破って天下を統一、長安を都として漢朝を創始。（大辞泉）

蕭何 ［?〜前１９３］ 中国、前漢の宰相。沛《はい》（江蘇省）の人。諡《おくりな》は文終。高祖劉邦《りゅうほう》に仕え、秦の法制をもとに九章律を作って漢王朝の基礎を固めた。韓信・張良とともに三傑と称された。（大辞泉）

韓信 ［?〜前１９６］ 中国、漢初の武将。江蘇の人。項羽《こうう》に従ったのち、劉邦《りゅうほう》の将となり、華北を平定。斉王、次いで楚王に封ぜられたが、のち淮陰侯に左遷され、反逆の疑いで呂后《りょこう》に処刑された。（大辞泉）

黥布（英布） ［?〜前１９５］ 中国、秦《しん》末・漢初の武将。罪を犯して黥《げい》（入れ墨の刑）を受けたので黥布ともいう。初め項羽に従ったが、のち漢に仕え、淮南《わいなん》王となるが、謀反の疑いで、高祖に討たれた。（大辞泉）

学問と読書のすすめ

李世民は父である李淵（初代皇帝・高祖）を助け、武力を駆使して隋王朝を倒し、三〇〇年続く唐帝国を建設した。世民は父の後を継いで第二世となったときに、人としての未熟さを痛感し、人格を養うため、読書に励んだ。

◉学問にはげみ徳を高める

貞観二年、太宗、房玄齢に謂いて曰く。人となりては大いにすべからく学問すべし。朕、往《さきに》群凶いまだ定まらざるがために、東西に征討し、躬《み》、戎事《じゅうじ》を親《みずか》らし、書を読むに暇《いとま》あらず。比来《このごろ》、四海安静、身、殿堂に処《お》るも、自ら書巻を執る能わず、人をして読ましめてこれを聴く。君臣父子、政教仁義の道、ならびに書内に在り。古人云う、学ばざれば牆面《しょうめん》す。事に莅《のぞ》みてこれ繁《はん》なり、と。徒言ならざるなり。かえって少小の時の行事を省《かえり》み、大いにその非なるを覚《おぼ》ゆるなり、と。（巻六、論悔過篇第一章）

貞観二年、太宗が房玄齢に語った。「人として徳望を身につけるには、大いに学問に励まなければならない。私は往時天下が乱れ、各地に多くの悪党が割拠していたために、自ら軍を率いて東へ西へと征伐し、書物を読む余裕がなかった。近頃は、ようやく天下が太平となり、私自身も宮殿に落ち着けるようになった。それでも、書物を手に取る暇がないので、人に読ませて聴いている。書物には、君臣父子の道、政治教化と仁義の道が全て記されている。古人も、『学問の無い者は牆《かき》（塀）に面して立っているのと同じで、政事に臨んでも心が乱れて、正しい判断ができない』と語っているが、決して虚言ではない。読書によって、私は戦いに明け暮れた若いときを反省し、非常に間違っていたことに気づいた」と。古人とは『書経*』を指す。

◉太宗の反省

以上の思いを語った太宗は、時に三十一歳の若さであった。

高祖が初代皇帝に就くとともに、世民は二十一歳で秦王に封じられた。その後玄武門の変で、手を組んだ兄の皇太子・建成と弟の斉王・元吉を倒し、後継争いを制して、六二六年二十九歳で第二代の座についた。そして、翌年に貞観と改元し、それから二十三年間にわたる「貞観の治」が始まったのである。

太宗の謙虚さ、強い自律心、諫言を聴く度量はいずれも並外れているが、それはどこから来たのだろうか。

直前の隋の煬帝、古くは秦の胡亥*など、二代目の悪政による国の滅亡が最大の反面教師となり、太宗はその轍は踏むまいと務めた。加えて、太宗の反省心を促したものに、玄武門の変があったのではないか。玄武門の変とは、建成と元吉が日増しに名声の高まる世民を倒そうと挙兵を計り、その直前に世民が二人を倒した事変である。そうせねば自分が殺されるという切羽詰まった状況下ではあったが、兄弟の骨肉の争いは、太宗の生涯消えない重荷となったものと私は推測する。

◉才徳兼備の人づくり

当時の学問、読書の主な目的は、人格の陶冶とともに、人や国の興廃の事理を窮めるところにあった。

現代においても、その必要性は変わらない。いやむしろ、知識偏重に偏りがちな、現代の学校教育に対する警鐘ともいえるのではないか。人々の信望を集めるリーダーは、才智だけでなく徳望を備えた「才徳兼備の人」でなければならない。そしてそれがまた人の一生の課題であることは、昔も今も変わりはないのである。

難局に直面するとき、人はどこにその拠り所を求めるのだろうか。身近に親身な指導者がいれば、聞くことができる。北条時宗*が蒙古襲来に際し、無学祖元*禅師に心構えを問うたところ、「驀直去《まくじきこ》（迷わず驀進せよ）」の一言を得て覚悟を定めたように。

しかし、孤独なトップ・リーダーは、ほとんどの場合己の信念に従って決断するほかないだろう。その見識を高めるのは、経験と書物の力である。人の求めに対し、書物は必ず応えてくれる。先人の志や事績は、求める者には良き道しるべとなる。日頃の読書の習慣が、いかに大切であるかが分かる。火の粉をかぶった経験もなく、付け焼き刃の知識を振り回すだけの者に国や会社を経営できるとは到底思えない。

『貞観政要』を愛読したリーダーは、歴史上数多い。

二〇二一年の大河ドラマに登場した北条政子、二〇二三年に放映された徳川家康は最も深く学んだ人物であった。江戸幕府が二六〇年も続いたのは、信義を重んじる武士道が単に武士階級だけにとどまらず、広く農工商の分野にも浸透し、社会の安定に寄与したことに加え、家康が『貞観政要』を元に、武治（創業）から文治（守成）への大転換を図り、後継者育成の道筋をつけた結果ともいえると私は思う。

書経　21ページ参照。

胡亥　46ページ「秦の二世皇帝」参照。

北条時宗［1251〜1284］　鎌倉幕府第8代執権。在職1268〜1284。時頼の長男。通称、相模太郎。元寇に際して強硬策をとり、文永の役・弘安の役でこれを撃退。禅を信仰し、中国宋より無学祖元を招き、円覚寺を建立した。（大辞泉）

無学祖元［1226〜1286］　鎌倉時代、南宋から渡来した臨済宗の僧。弘安2年（1279）北条時宗の招きで来日。建長寺に住し、円覚寺を開山。無学派・仏光派とよばれ、日本禅宗に大きな影響を与えた。諡号は、仏光国師・円満常照国師。（大辞泉）

仁政を行えば人は慕い集まる

度量の大きな人の元には、多くの人材が集まって伸び伸びと活躍し、組織は発展していく。これと対照的に、人を容れることができない心の狭い人の元には、その器なみの者しか集まらず、組織は衰退していくほかはない。そこにリーダーの度量と言動が問われ、組織の盛衰がかかっている。

◉林深ければ鳥棲《す》み、水広ければ魚遊ぶ

貞観十二年、太宗、侍臣に謂いて曰く、林深ければすなわち鳥棲み、水広ければすなわち魚遊ぶ。仁義積めばすなわち物自ずからこれに帰す。人はみな災害を畏避《いひ》するを知れども、仁義を行うを知らず。仁義を行えばすなわち災害生ぜず。それ仁義の道は、まさにこれを思いて心に在らしめ、常にあい継《つ》がしむべし。もし斯須《ししゅ》も懈惰《かいだ》せば、これを去ることすでに遠し。なお飲食の身を資《たす》くるが如し。つねに腹をして飽かしむれば、すなわちその性命を存すべし、と。王珪頓首《とんしゅ》して曰く、陛下よくこの言を知る。

天下幸甚なり、と。（巻五、論仁義篇第六章）

貞観十二年に、太宗は左右の侍臣たちに語った。「深い森や林には多くの鳥が来て棲み、川の流れが大きければ多くの魚が集まって泳ぐ。同じように、人が仁義の行いを積み重ねれば、天下の人は自然に懐き慕い寄ってくるものである。人はみな、自分に振りかかってくる災厄を恐れ避けようとするが、仁義の道を行うことを知らない。仁義を行えば、災厄も自ずから起こらなくなるのだ。そもそも仁義の道は、常に心に思い続け実行していかなければならない。もし、わずかの時間でも怠り懶《なま》けたりすれば、仁義の道から遠く離れてしまう。それはちょうど、飲食物が健康に資するのと同じで、常に食物を十分に摂っていれば、その生命を保つことができるのだ」と。

諫議《かんぎ》大夫の王珪は太宗のこの言葉を聞いて、丁寧に頭を下げて答えた。「陛下がこのような深い配慮をもっておられることは、天下の人々にとって、これ以上の幸せはありません」と。

◉仁義とは

本文に現れる「仁義」とは、何を意味するのか。

『論語』を繙いて、仁は「慈愛」を、義は「道義（正義・道理・信義）」を意味するものと、私は受け止めている。

子曰く、参《しん》よ、吾道は一以《いつ》て之を貫く。曾子曰く、唯《い》。子出ず。門人問うて曰く、何の謂いぞや。曾子曰く、夫子の道は忠恕《ちゅうじょ》のみ。（里仁篇）

子曰く、君子は義に喩《さと》り、小人は利に喩る。（里仁篇）

子曰く、利を見ては義を思え。（憲問篇）

最初の例は、「一以貫之」の語源となった一文である。晩年の孔子が若い愛弟子の参（曾子）に呼びかけ、「私の生涯は（仁を求めて）終始一貫している」と述べた。曾子は一言「はい」と頷いた。多分ニッコリと。孔子はそのまま教室を出て行ったため、他の弟子たちは意味が分からず曾子に尋ねた。曾子は、「先生の一生は忠恕（まごころと思いやり）のみで一貫している」と答えた。

孔子は仁の定義を分かりやすく明示はしていない。弟子たちに問われ、『論語』の各所でそれぞれに見合う回答を与えているだけである。曾子の忠恕は、自分の言葉で仁を解釈し、先生はそれを是認したものと私は見ている。

次の例で、孔子は「君子（大人）は道義で万事を判断し、小人は一切を利益に結びつける」（里仁篇）とし、「利益が与えられたら、受けるかどうかは道義を思って判断せよ」（憲問篇）とも述べている。

昔も今と変わらず、同じような金銭的な誘惑が多かったことが想像される。『貞観政要』には今回の「林深ければ鳥棲み、水広ければ魚遊ぶ」のように名言が多い。太宗は、比喩の巧みな人物であったに相違ない。太宗は『論語』などから人としてのあり方を学び、『詩経』『春秋』『史記』などを通じて詩藻と史観を養ったのであろう。そして、政治の場で徳治主義を目指し、王道政治を実践しようとした帝王である。それは、今日の世界でもしばしば見られる、力による覇権主義・覇道政治とは対極をなすものであった。

なお、孔子と曾子の忠恕をめぐる上記の問答は、釈迦から迦葉《かしょう》*への法統継承の場面を思い起こさせる。釈迦が最晩年に大衆に黙って一輪の花を拈《つま》んで示したところ、迦葉だけがその意味を覚《さと》って微笑した、という「拈華微笑《ねんげみしょう》」の故事である。師弟間の信頼に満ちた以心伝心、感動的な師資相承の場面であった。

このような脈絡のない想像をめぐらすことができるのも、古典を読む者の特権と思って私は楽しんでいる。

迦葉《梵 Kāśyapa の音写》前5世紀ごろの人。釈迦《しゃか》十大弟子の一人。頭陀《ずだ》第一といわれた。婆羅門《バラモン》の出身で、釈迦の入滅後、教団を指導し、第1回の経典結集《けつじゅう》を行った。大迦葉。摩訶迦葉《まかかしょう》。(大辞泉)

諫言のタイミング

初めのうちは目立たなくても、事柄は時とともに大きくなるものだ。良い芽は育てれば、次代を担う事業の柱となるだろう。一方、悪い芽は早い段階に摘みとらなければ、やがて組織に害を及ぼすことになる。それをどうすれば見分け、対処することができるか。

◉諍臣《そうしん》はその漸《ぜん》を諫む——褚遂良《ちょすいりょう》

貞観十七年、太宗、嘗《かつ》て諫議大夫褚遂良に問いて曰く、昔、舜、漆器を造り、禹、その俎《そ》に雕《え》る。当時、舜・禹を諫むるもの十有余人なり、と。食器の間、何ぞ苦諫を須《もち》いん、と。遂良曰く。雕琢《ちょうたく》は農事を害し、纂組《さんそ》は女工を傷《やぶ》る。奢淫《しゃいん》を首創《しゅそう》するは、危亡の漸なり。漆器已《や》まざれば、必ず金もてこれを為《つく》らん。金器已まずんば、必ず玉もてこれを為らん。所以《ゆえ》に諍臣は、必ずその漸を諫む。その満盈《まんえい》に及びては、また諫むるところなし、と。（巻二求諫篇第八章）

貞観十七年、太宗が諫議大夫の褚遂良に問うた。「昔、舜は漆器を造り、禹は供物を載せる台に彫刻をほどこした。その当時、舜・禹を諫めた者が十余人あったという。食器や供物台くらいのことで、どうしてそこまで諫める必要があろうか」と。

褚遂良は答えた。「彫刻の細工は農事を害し、美しい髪飾りの組み紐は女の仕事を妨げる。度を越した贅沢を始めるのは、危難と滅亡の第一歩である。質素な漆器でやめなければ必ず金で器をつくり、金の器でやめなければ必ず玉で造ることになる。だからこそ諫める臣は、必ずその第一歩の兆しを諫めるのである。贅沢が極点に達してからでは、もはや諫める余地はありません」と。

褚遂良は歴史に残るほどの書道の大家で、太宗の信頼も厚く、後に、太宗の後を継ぐ治（三代目高宗）の後見役となったが、高宗が武氏（後の則天武后）を皇后にしようとしたことに反対し左遷された。

◉終わらんとするも進諫せよ――太宗

太宗曰く、卿の言、是なり。朕が為すところのこと、もし当たらざるあり、或いはその漸にあり、或いはすでにまさに終わらんとするも、みなよろしく進諫すべし。このごろ前史を見るに、或いは人臣の事を諫むるあれば、ついに答えて云う、すでにこれを為せり、と、或いは道《い》う、すでにこれを許せり、と、ついに為に停改せず。これすなわち危亡の禍い、手を反《かえ》して待つべきなり、と。

太宗が言った。「そなたの言は正しい。私の行うことに、もし不当なものがあれば、その兆しがある場合でも、それが終わろうとするものでも、みな進んで諫めてほしい。この頃私は前王朝の歴史を見ているが、臣下が何か諫めることがあっても、もはや着手してしまったといい、あるいはもはや許してしまったといい、結局のところ諫めによって停めたり改めたりすることがなかった。これでは、国家の危急存亡の禍いは直ぐさまにやってくるだろう」と。

国でも会社でも、施策の失敗が判明したときに、「決定済み」「許可済み」「今さら」とグズグズして、改めようとしないのが常ではないのか、と思う。決定者や許可者への忖度、先例への過度の依拠、それに自分だけが悪者になりたくない事なかれ主義の思いが働いているのだろう。組織のリーダーとして、決定を修正するには勇気が必要である。そこを太宗はキッパリと、事の初期段階だけでなく、終わりに近づいた段階でも進んで進言せよ、気がついたら改めよう、と語ったのである。

孔子は『論語』の中で、「過てば則ち改むるに憚《はばか》ることなかれ」（学而篇）、「過ちて改めざる、これを過ちという」（衛霊公篇）と説いたが、それを本気で実行しようとする太宗の覚悟を知ることができる。

私がお手伝いしている論語の勉強会「青草の会」（会長：里見和洋氏）で、この章を取り上げたことがある。最近は『貞観政要』をテキストにしてきた。そこで銀行役員ＯＢは、「これは一つには、易経で説く兆しを初期段階で発見することの重要性を説いている。良い兆しは育て、悪い兆しを見つけたら早いうちに摘むことが、経営では何よりも大切だ」と語った。水産会社社長は、「経営の日常で実感することがしばしばある」と述べ、いくつかの実例を挙げた。またコンサル会社代表は別の角度から、「金銭欲一方で、自分さえよければよいと考えている経営者は、表情がだんだん悪くなるように見える。本人は気づいてないことが多いが」と述べた。

古典の読み方や解釈は、人それぞれでよいと思う。実生活に古典を生かし、実生活を通じて古典の意味を味わう。そうして初めて自分の中に、古典が虫食いの古本ではなく、単なる教養でもなく、生きた知恵として蘇ってくるのではないかと思う。

遠慮せずに我が過ちを正せ

上司に対して物申すのは、勇気と覚悟がいるものだ。

誰しも職場におけるコミュニケーションの重要性を説き、風通しのよい職場づくりを目指すが、それを実らせるには絶対に必要な条件がある。それは上下の信頼関係である。上長が部下を見る以上に、部下は上長の人物を注意深く観察している。人物の容れ物が小さな上長に対して、あえて面《おもて》を犯して意見をする者があるだろうか。

◉温顔で諫諍《かんそう》を聞く

太宗、威容厳粛《いようげんしゅく》にして、百寮の進見する者、皆、その挙措を失う。太宗、その此《かく》の若《ごと》くなるを知り、人の事を奏するを見る毎に、必ず顔色を仮借《かしゃく》し、諫諍を聞き、政教の得失を知らんことを冀《こいねが》う。（巻二、求諫篇第1章）

太宗は、容姿に威厳がありきわめて厳粛であったため、その前に進見する百官たちは、その威厳に圧倒されて、度を失ってしまうほどであった。太宗はそのことに気づき、臣下が何事かを上奏するのを見る毎に、必ず顔色をやわらげてその諫言を聞き、政治教化の得失を知ることを願った。

◉必ず極言規諫すべし

貞観の初め、かつて公卿《こうけい》に謂いて曰く、人、自ら照らさんと欲すれば、必ず明鏡を須《もち》う。主、過ちを知らんと欲すれば、必ず忠臣に藉《よ》る。若《も》し主自ら賢聖を恃《たの》まば、臣は匡正《きゅうせい》せず。危敗せざらんと欲するも、豈《あ》に得べけんや。故に君はその国を失い、臣もまた独りその家を全くすること能わず。隋の煬帝の暴虐なるが如きに至りては、臣下、口を鉗《けん》し、ついにその過ちを聞かざらしめ、ついに滅亡に至る。虞世基《ぐせいき》ら、尋《つ》いでまた誅《ちゅう》せられて死す。前事遠からず。公等、事を看る毎に、人に利ならざるあらば、必ず須《すべか》らく極言規諫すべし、と。

貞観の初めに、太宗は公卿たちに語った。「自分の姿を見ようとすれば、必ず鏡を用いる。君主は、自分の過失を知ろうとすれば、必ず忠臣の諫めによる。もし、君主が自らを賢聖であると思い込んで、自分のみを高しとして振る舞えば、臣下は、あえて諫言しようとはしなくなる。そうなれば、国を滅亡させたくないと願っても、できることではない。君主が国を失えば、臣下もまた自分の家を保つことはできない。隋の煬帝のような暴虐な君主の下では、臣下は口を閉ざして最後まで君主にその過失を聞かせることがなく、ついに隋は滅亡するに至った。側近の虞世基らもひたすら迎合していた結果、相次いで誅殺されてしまった。前王朝のこの失敗は、遠い昔の出来事ではない。どうか公等も、政治の実態をよく見て、人民を苦しめていることがあれば、必ず遠慮なく直言し、我が過失を諫めてもらいたい」と。

この章句を読んで、私が真っ先に思い出したのが土光敏夫氏である。

古希直前の土光さんは、昭和四十年に東芝の社長に就任した。そして、業績悪化に苦しむ会社の再建に取り組み、世間では「殿様」と揶揄されていた社風を、瞬く間に変えてしまった。入社三年目で組織の末端にいた私のところにまで、意識改革の大波が及んできた。社員の目の色が変わり、本格的な再建が始まったのである。従来の社長のイメージを変える質素で飾らない人柄そのままに、無私・率先垂範を地で行き、それを社員は間違いなく見定めて、「この人なら」という全幅の信頼を寄せたのである。

例えば、就任の挨拶回りで真っ先に訪ねた先が労働組合の本部だった。一升瓶を下げて行ったそうで、初めての社長訪問に組合幹部もさぞビックリしたことだろう。また、社内では「チャレンジ・レスポンス（C&R）経営」を唱え、実行した。「社長は役割が違うだけだ」「報告は立ったままでやれ」と語り、縦横斜めのコミュニケーション、とりわけ下から上への意見具申を重視した。「怒号さん」というあだ名を某政治家が付けたほどだから、責任の重い役員クラスはたいへんだったろうが、私たちのような若い者には、春風のようにいつもニコニコと接してくれた。土光さんの風貌が心の中に現れてくるたびに、思い出されるのが、佐藤一斎『言志四録』の中の一節、「春風を以て人に接し、秋霜を以て自ら粛む」である。そのような人であった。私たちの年代は、直接土光さんの謦咳《けいがい》に接することのできた最も若い世代だったが、今その幸運を思う。

左前になった会社や団体では、往々にしてトップが自分の頭のよさを誇り、部下の誰よりも勉強していると自負公言するようなケースがある。軽視された部下はやる気を失い、諦めて、諫言するどころではない。会社を去るか、残っても指示待ち人間に堕する。トップはますます忙しくなって、独断専行に走る。ここから急速に斜陽の道が始まるのである。

企業の発展は、トップの大きな度量と高い見識次第であることを痛感する。

大乱後の治は如何にあるべきか

いつの時代でも、政策の良し悪しはリーダーの資質、良き補佐の有無によって決定的な影響を受ける。目先の状況だけに左右されず、基本の理念を堅持しつつ、大衆心理をも洞察し、適切な方向を示すことができるかどうか。そこに治世の要諦がある。

◉急ぐべきか、待つべきか

貞観七年、太宗、秘書監魏徴と、従容として古《いにしえ》よりの治世の得失を論ず。因《よ》りて曰く、当今大乱の後、造次に治を致すべからず、と。徴曰く、然らず。凡そ人、安楽に居れば則ち驕逸《きょういつ》す。驕逸すれば則ち乱を思う。乱を思えば則ち理《おさ》め難し。危困《きこん》在れば則ち死亡を憂う。死亡を憂うれば則ち治を思う。治を思えば則ち教え易し。然らば則ち乱後の治め易きこと、なお飢人《きじん》の食し易きごときなり、と。太宗、曰く、善人、国を為《おさ》むること百年にして、然る後、残に勝ち殺を去る、と。大乱の後、まさに治を致すを求めんとす。なんぞ造次にして望むべけんや、と。（巻一、政体篇第九章）

貞観七年、太宗は秘書省長の魏徴とくつろぎながら、古来の治世の得失を論じた。貞観の初め頃のこと、太宗は、「今は隋末の大乱の後で、人心も荒れた状態だから、にわかに平和で治まった世をつくれるものではない」と述べた。これに対し、魏徴は反論して言った。「そうではありません。およそ人は、安楽の状態にいれば、わがまま勝手な行動をとり、次には事あれと乱を思うようになる。乱を思うようになれば、治めることは難しくなる。身に危険と困窮が迫れば、人は死を恐れ、死を恐れれば治まった平和な世を望むようになる。そうなれば、教えやすくなる。乱後の民衆が治めやすいのは、飢えた人が何でも食べようとするのと同じなのです」と。太宗は、「善き人が国を治めると、百年の後に残虐な行為や殺伐な風習がなくなる、と古語にもあるように、大乱の後に急速によく治まった世をつくるのは、望むべくもないのではないか」と語った。

引用された古語とは、『論語』子路篇にある「子曰く、善人、邦を為むること百年、亦た以て残に勝ちて殺を去るべしと。誠なるかなこの言や」を指す。孔子は、聖人ではなく善人でも、時間をかければ平和な世をつくることができると述べた。

◉ただちに王道を歩むべし

徴曰く、これ常人による。聖哲に在らず。聖哲化を施さば、上下心を同じくし、人の応ずること響きの如し。疾《と》くせずして速《すみや》かに、朞月《きげつ》にして化すべし。信《まこと》に難しと為さず。三年にして功を成すも、なおその晩《おそ》きを謂《おも》う、と。太宗、以て然りと為す。……（中略）……太宗、常に力行して倦《う》まず。数年の間にして、海内康寧《かいだいこうねい》なり。因りて群臣に謂いて曰く、貞観の初め、人皆、異論して云う、当今は必ず帝道王道を行うべからず、と。ただ魏徴のみ我に勧む、すでにその言に従うに、数載を過ぎずして、ついに華夏安寧にして、遠戎賓服《えんじゅうひんぷく》するを得たり、と。

太宗の疑問に対して、魏徴は、「論語の言葉は、善人とはいえ普通の人の治世を述べたもので、聖人・哲人のことではない。聖哲の天子が教化すれば、上下の者の心が一つになり、民衆は打てば響くように上の教化に応えるようになる。格別に急がなくても速やかに、一年もあれば教化することができる。少しも難しいことではない。三年で成果が出たとすれば、それはむしろ遅いぐらいなのです」と述べた。それを聞いて太宗は、全面的に首肯したのである。

魏徴の主張に対し、当時臣下の中には「魏徴は学者で、時務を知らない」と批判し、秦や漢の例を挙げて強く反論する者がいたが、太宗は魏徴の進言に従い、仁義道徳をもって政治を行うことに務めた。その結果、数年の内に国内は平安に治まった。そこで、太宗は群臣に次のように語ったのである。「貞観の初めに、人は皆魏徴に異を唱え、〝今の世には、道徳を重んずる帝道・王道は実行できない。秦などのように法律や刑罰で厳しくやらねば、荒廃した人心を治めようがない〟と言ったが、魏徴だけは自分に仁義道徳に基づく政治を勧めた。その言に従うことによって、数年を経ずして中国の内部は安定し、遠い異民族も先方から服従してくるまでになった」と。

太宗と魏徴との間は、厚い信頼関係で結ばれていた。太宗は魏徴を評して、別のところで「石の間に混じった宝玉は、良工が磨かなければ石と見分けがつかない。私には美質はないが、魏徴によって切磋琢磨され、功業を果たすことができた。彼こそはまさに良工である」との賛辞を述べている。

我が国の武士道と諫言の文化

日本武士道には、諫言の文化があった。

このことを私は、笠谷和比古*の『武士道の精神史』『主君「押込《おしこめ》」の構造』『士（サムライ）の思想』ほか数々の労作を通じて学んだのだが、我が国の武士たちは諫言を通じて主君（藩主）に対してどのような行動をとったのか。

◉「諫言」と「生」を説く『葉隠』

武士道の古典『葉隠』（一七一六年）には、次の文章がある。

・武士道といふは死ぬる事と見つけたり。
・仰付けにさへあれば理非に構わず畏まり。
・さて気にかなわざる事はいつ迄もいつ迄も訴訟すべし。
・主君の御心入を直し、御国家を固め申すが大忠節。
・奉公の至極の忠節は、主に諫言して国家を治むる事なり。

・毎朝毎夕、改めては死に死に、常住死身になりて居る時は、武道に自由を得、一生越度なく、家職を仕果たすべきなり。

冒頭の二文が余りに有名で、武士道とは「死ぬこと」であり、「理非を問わず主君に隷属すること」という暗いイメージが独り歩きしてきた。しかし続く三文は、主君のやり方に反対ならそれを訴え続け、誤った主君の考えを改めさせ、国家を安泰に導くことが真の忠節である、とする。主君への最高の仕え方は諫言にある、というのだ。笠谷は、「『葉隠』を絶対服従の武士道と評するのは誤りで、むしろ諫言の武士道と理解すべきもの」と述べている。そして最終文では、本当に死ぬ覚悟があれば、真に自由の境地に達し、生を全うすることができる、「生きよ」と言うのである。

ここで思い出されるのは、道元禅師の名言「不惜身命、但惜身命」（『正法眼蔵』）である。いざというときには命を惜しむな、ただし平素は命を惜しめという。徳川光圀も、無駄死を戒めた同じような教訓を若者たちに語っている。

◉「押込」の慣行

では、主君が諫言を聞き容れない場合にはどうしたか。

重臣が協議して主君を座敷牢に入れる、「押込《おしこめ》」という強行措置をとったのである。笠谷によれば「これは例外現象ではなく、一般的な慣行であり、徳川時代の武家社会の中にシステムとして内在化されていた正当な行為」であり、次の確立した手続きを踏んで行われた。

一、「押込」発議と合意形成：家老・重臣による合意。
二、「押込」執行の場：藩屋敷の面座敷。闇討ちはしない。
三、「押込」執行形態：発議者が列席し、筆頭家老が「お身持ちよろしからず。暫くお慎みあるべし」と宣言。物頭らが身柄を拘束し座敷牢へ。
四、再出勤の検討：家臣側と座敷牢の主君との間で話し合う。
五、隠居：再出勤の話し合いが不調に終わった場合、隠居させる。

不行跡の主君を、直ちに隠居させずその再出勤を検討したのはなぜか。「押込」は下克上やクーデターではなく、笠谷によれば「組織の健全性を担保するガバナンス制度として位置づけられていた」のであった。

『貞観政要』は、遠慮なく諫言する魏徴ら臣下と、度量をもってそれを受け容れた太宗の事績を記したものである。そこには、名君と名臣の間にのみ働くきわめて属人的な、打てば響くようなハーモニーがあった。史上稀なケースであったからこそ、今日までリーダー必読の書として伝えられてきたのである。

一方、武士の「諫言」や「押込」は、不行跡から藩を潰しかねない主君に対し、藩の行く末を案ずる重臣たちが取った手段である。暗君と名臣が対峙する、非常事態の解決策であった。国（藩）は公器であって恣意で動かしてはならない、とする価値観が根底にあった。このことは、名君の誉れ高い上杉鷹山*の言葉に示されている。鷹山は一七八五年、隠居にあたって後継ぎ治広に『伝国の詞』を与え、国家人民を私してはならないことを明記したうえ、君主は国家と人民の為の存在とまで喝破している。フランス革命の四年も前のことであり、内村鑑三が『代表的日本人』の中で紹介し、世界を驚かせたのであった。

『伝国の詞』は藩是として代々伝えられたが、その全文は次の通りである。

一、国家は先祖より子孫へ伝え候国家にして、我私すべき物には無之《これなく》候《そうろう》
一、人民は国家に属したる人民にして、我私すべき物には無之候
一、国家人民の為に立たる君にして、君の為に立たる国家人民には無之候
右三条御遺念有間敷候事

天明五年二月七日

治広殿

治憲（花押）

信義を重んじた武士道の倫理観は、今に伝わる商家家訓にも影響を与え、庶民教育の普及、モラルの向上、豊かな文化と安定した江戸社会を形成するのに貢献した。世界に稀な、二六〇年も続いた平和な社会を造った人々の価値観は、今日の社会にも生かし得ると思う。武士道とリーダシップ再考、これが最近の私の課題である。

笠谷和比古［1949〜］京都大学文学部卒業。同大学院博士課程修了。国際日本文化研究センター名誉教授。専門は歴史学（日本近世史、武家社会論）。著書に『武士道の精神史』『主君「押込」の構造』、『士（サムライ）の思想』、『徳川吉宗』、『武士道と日本型能力主義』、『伝統文化とグローバリゼーション』、『武士道　侍社会の文化と倫理』、『徳川家康』など。

上杉鷹山［1751〜1822］江戸中期の米沢藩主。日向《ひゅうが》高鍋《たかなべ》藩主秋月種美の二男。上杉重定の養子。名は治憲《はるのり》。倹約・殖産興業政策などで、藩政改革に努めた。（大辞泉）

第二章

才徳兼備の人づくり『呻吟語』に学ぶ

中華民国 64 年（1975 年）に刊行された『呻吟語全集（全 6 巻）』

リーダーの等級

本章では『呻吟語《しんぎんご》』を題材にして、ともに参究したい。

◉呂新吾《りょしんご》と書名

著者の呂新吾*は、明末一五三六年に生まれた。王陽明*の没後八年にあたり、八十二歳の長寿を全うした。姓は呂、名は坤《こん》、字《あざな》は叔簡《しょくかん》。新吾は号であるが、心吾ともいう。三十九歳とかなりの年で国家試験に合格して進士となり、地方長官や中央官庁の次官を歴任した。しかし、剛直さのゆえに中傷され、役人生活を捨てて河南の寧陵《ねいりょう》という所に退き、著作と講学生活に入った。諸国から門弟が数多く集まったといわれる。

本書は陽明学の書として名高いが、著者自身は学派の垣根を越えて、修己治人の道を求めたと伝わる。本書は人としての本来のあり方を求めて、呻《うめ》き苦しんだ末に生み出された言葉の数々である。日本では、特に幕末から明治維新の頃に注目を浴び、人物を涵養《かんよう》する書物として、世のリーダーたらんとする人々に広く読まれ今日に至っている。

◉深沈厚重が第一等——西郷さんと土光さん

深沈厚重なるはこれ第一等の資質。
磊落豪雄《らいらくごうゆう》なるはこれ第二等の資質。
聡明才弁《そうめいさいべん》なるはこれ第三等の資質。（性命）

最高の人物は深沈厚重の資質の持ち主だ。軽佻浮薄《けいちょうふはく》さが微塵《みじん》もなく、ドシッと落ち着いて、風格に厚みと重みを感じさせる人物である。具体的な例はといえば、真っ先に二人の人物が思い浮かぶ。一人は昭和の土光敏夫、もう一人は明治維新の西郷隆盛だ。

土光さんは九十歳の長寿を全うし、その風格は年とともに重みを増し、第二次臨調会長時代には国民に信頼・敬愛される存在となった。私も直接謦咳《けいがい》に接したが、威厳と温容を兼ね備えた圧倒的な存在感の持ち主だった。一方の西郷さんは、四十九歳という若さで生涯を終えた。あの若さであの大胆識を身につけ、明治維新を実現させた力量は計り知れない。お二人とも「さん」付けで呼ばれる希有の存在だが、風貌がどことなく似ているのも親しみを覚える。

今の時代は環境が甘すぎるのか、人を育てるのに自他ともに厳しい自覚が欠けているのか、一人前になるにしても、ずいぶん時間がかかる。西郷さんは特別な存在だったかも知れないが、明治維新で活躍した志士たちは、十五歳で元服すればすでに大人の自覚を持ち、二十~三十歳では十二分の見識と行動力を備えていた。今から見れば、はるかに早熟だったのである。

例えば、橋本左内*である。十四歳のときに『啓発録』を著し五つの誓いを立てた。

一、去稚心:稚心を去る。幼心を去って独立独歩の心を起こす。
二、振気:気を振るう。勇気を持って事にあたる。
三、立志:志を立てる。天下国家に役立つ人になる。
四、勉学:学に勉める。学問に励み自分を磨く。
五、択交友:交友を択ぶ。友と切磋琢磨して自分を高める。

左内は時代の先を読む卓越した先見の明によって、西郷隆盛に「同僚では橋本左内に敬服している」と言わしめた人物だが、その開明思想のために安政の大獄では投獄され、一八五九年、惜しくも二十五歳の若さで刑死した。

◉磊落豪雄と聡明才弁

深沈厚重の次に来る人物の資質は、磊落豪雄と聡明才弁だ。細かいことにこだわらず、線が太くて人を容れる度量と統率力があり、巨石がゴロゴロするような豪傑型の資質が第二等。頭がよくて才気に溢れ、弁舌さわやかな資質が第三等である。

ところが、近頃のリーダー論によれば、この順序が逆になっている。第三等の聡明才弁型が最も高く評価され、次に磊落豪雄が来て、一見鈍そうな深沈厚重に至っては最下位である。成果主義の名の下に、短期志向の経営がもて囃《はや》されるようになった、ごく最近の傾向である。はたしてこれでよいのだろうか。

経営者は長期視点で事業を構築し、有為な人材を育成し、自分のみを良しとせず、企業の社会的責任を全うする務めがあると思う。

『論語』の士論において孔子は、良心に照らして自ら恥を知る人物を最高のリーダーとした。そして、その最低条件として言必信・行必果の人、すなわち言葉に信義があり行動には所期の結果が伴う人物を置いた。言必信・行必果は才智の極みだが、聡明才弁と同じようにリーダーの必要条件を示したに過ぎず、信望ある真のリーダーとなるためには自らの人格、人間性を磨かねばならない。孔子も呂新吾も、キラキラする才智だけでは真のリーダーには値しない、才徳兼備の人であれと説いたのであった。

次世代リーダーの育成は、現代社会の最重要課題である。人物の価値は、時代が変わっても変わらない。東洋の英知を活かし、時間をかけても、中・高校の若者の育成から始め、気品ある国、企業、人づくりに取り組む必要があると思う。それは、心ある大人の務めではあるまいか。

呂新吾　［１５３６～１６１８］中国、明代の思想家。高級官僚として地方長官などを歴任。時政を論じた長文の書状を主君に出し、弾劾されたため官職を退き、講学と著述に専念する。混迷の時代を生きた経験を元に、現実政治に密着した実践的学問を重視した。『呻吟語』は折々の所感を30年にわたって記録したもの。生活の日常的な心得や政治的な処世訓を説く。明の洪応明著『菜根譚』同様、中国より日本でよく読まれてきた。著作はほかに『呂公実政録』がある。

王陽明　［１４７２～１５２８］中国、明代の思想家。余姚《よよう》（浙江省）の人。名は守仁。字《あざな》は伯安。陽明は号。諡《おくりな》は文成。宸濠《しんごう》の乱を平定した功により、新建伯に封ぜられた。陸九淵の学をうけ継ぎ、知行合一説・致良知説を主張して一派を成し、王学・陽明学と呼ばれる。（大辞泉）

橋本左内　［１８３４～１８５９］幕末の志士。福井藩士。名は弘道。号、景岳。緒方洪庵《おがたこうあん》・杉田成卿《すぎたせいけい》らに蘭学・医学を学び、藩主松平慶永《まつひらよしなが》に認められ、藩政改革に尽力。将軍継嗣問題では一橋慶喜《ひとつばしよしのぶ》擁立に尽力。安政の大獄で斬罪《ざんざい》に処された。（大辞泉）

分かりやすい言葉

いわゆる、「名人」の所作には、限りない魅力がある。

とりわけ柔・剣・弓道・空手など武道の達人が、伝来の「型」を演ずるときの動きである。同じように見えて全く無駄がない。自己流は消え去っているが、簡素の限界にまで磨き上げられ、充実し、気合いのこもった「型」の演武は、誰にも真似のできないその人ならではのものなのだ。実に美しいと思う。

『呻吟語』は、人の語る言葉や文章について、同じことを述べている。

◉浅言と深言

ただ道を得ることの深き者にして、然る後に能《よ》く浅言《せんげん》す。凡《およ》そ深言《しんげん》する者は、道を得ることの浅き者なり。（談道）

初見では意味不明だが、「浅言」とは簡明で分かりやすい言葉、「深言」とは難しくて分かりにくい言葉をいう。人が歩むべき道を深く体得している人ほど、語ったり書いたりすることが分かりやすい。これに比べ難しげにややこしく言う人ほど、その道を体得していない証拠なのだ。

少し飛躍するが、絵でも音楽でも本当に素晴らしいものは、目や耳という五感を通して、真っすぐに心に飛び込んでくる。好みもあるので、何に感動するかは人それぞれだが、余計な説明は一切必要がない。

思い当たるのは、優れた人ほど難しいテーマを分かりやすい言葉で語ってくれるものだ。ノーベル賞の受賞対象となった研究などは、その良い例である。門外漢には本来ちんぷんかんぷんのはずなのだが、例えばカミオカンデの小柴昌俊*先生が語る言葉を聴けば、小学生でも宇宙への理解を深め、科学を勉強しようというモチベーションが高まるのである。西欧にも同じ箴言《しんげん》がある。

◉簡潔にキリッと締める

冗長になることはいつでも容易であるが、簡潔にするには容易ならぬ努力が要る。圧縮し要約しそして最後はきりっと締めることである。（アラン*）

いったんはベストセラー作家になっても、死後も長く読み続けられる作品は意外に少ない。いつの間にか消え、忘れ去られてしまう。なぜだろうか。雑読・乱読・積読《つんどく》を習いとする私のような読者にその理由を述べる資格はないが、このアランの言葉に思い当たることが多い。ストーリーだけの本なら一度読めばお仕舞いで、多少くどくても読み飛ばしてしまえば終わりだ。ストーリーの面白さを示しながら、微妙な人の心や風景や時の移り変わりを、さりげなく描写し、しかも情景が目に浮かぶように表現できる人はそうはいない。心に残って、また読みたいと思うのはそういう作品である。

企業人の中にも、簡潔な言葉で大組織を率いた人物がいた。

◉誠意と気概――青井舒一氏の経営

青井舒一*さんは、一九八七年七月に東芝の社長に就任した。東芝機械ＣＯＣＯＭ事件*の最中、佐波正一会長と渡里杉一郎社長が道義的責任を取って退任した後を受け継いだのである。アメリカ政府や議会の烈しい批判を受けて、暴風雨の荒波に向かって舵《かじ》取る船長のようであった。青井さんは就任と同時に全社員に向けて、「誠意と気概」をもって臨もうと訴えた。ＣＯＣＯＭ事件は完全集約までに数年の月日を要したが、青井さんの不退転の決意は会社の末端にまで浸透した。寡黙な人だが、率先垂範する経営姿勢が一貫していたので、社員はその背中を見ながら付いていった。広報担当の私も対策本部の一員として懸命に衝に当たったが、青井さんの姿勢は決してぶれることがなかった。

こうした最中の一九九〇年には、二十一世紀を見越して「グループ経営理念」をつくることになり、広報担当として起案を命ぜられた。それまでにあったグループ経営に関する「土光八原則」を受け継いで、国内外のグループ会社全体に適用するものとすること、「①人を大切にします。②豊かな価値を創造します。③社会に貢献します。」という、覚えやすい三項目に集約した点が新しい。そして同時に、全体の傘となるスローガンを日英両文で次のように定めた。元になったのは「誠意と気概」であり、各国の意見を聞きながら検討を進めた結果である。

人と地球の明日のために

Committed to People, Committed to the Future. Toshiba

この経営理念が生まれたのは、対米関係の厳しさに直面し全社を挙げて対処していたときである。間もなく十一カ国語に翻訳され、グループの事業行動基準として具体化し世界に展開した。

青井さんは後日、「誠意と気概」が「人と地球の明日のために」となったことについて、温顔をほころばせながら、「文化の違いを感ずるね」と述懐された。忘れられない思い出である。

小柴昌俊　［1926〜2020］物理学者。愛知の生まれ。素粒子観測装置カミオカンデを考案し、世界で初めてニュートリノの観測に成功した。平成9年（1997）文化勲章受章。平成14年（2002）、ノーベル物理学賞受賞。（大辞泉）

アラン　［1868〜1951］フランスの哲学者・モラリスト。本名、エミール＝オーギュスト＝シャルチエ（Émile Auguste Chartier）。合理主義の立場から、哲学のみならず道徳・芸術・教育・政治などの諸分野で人間性を称揚。著「精神と情熱に関する81章」「幸福論」「人間論」など。（大辞泉）

青井舒一　［1926〜1996］昭和後期〜平成時代の経営者。1948年東京芝浦電気（のち東芝）に入社。技術畑を歩き59年副社長。87年社長に就任。92年会長。経団連副会長、公安審査委員会委員などをつとめた。岡山県出身。東大卒。

東芝機械COCOM違反事件　1987年に発覚した、東芝機械がココム（COCOM・対共産圏輸出統制委員会）に違反して旧ソ連に工作機械を輸出した事件。親会社である東芝の会長と社長が道義責任を取って辞任するという事態に発展した。米国の対日感情は悪化。米議会では、東芝を狙い撃ちにした包括貿易法案の審議が進み、上下両院で可決された。

多読の戒め

近頃は本が売れなくなったと聞く。

確かに街角の本屋も、閉じることは目にしても新規開店は稀《まれ》となった。新聞の購読数は、減少が止まらないそうだ。電車の中では、十人中七、八人はスマホとにらめっこで、その半分はゲームに没頭、本を読む人は一、二人に過ぎない。

活字離れは時代の流行なのだろうが、傍線を引きながら読書してきた者には、少しばかり寂しい風景に映る。書物は日常生活に必要な情報を得るだけではなく、心を磨く栄養でもあるからだ。

しかし一方で、本の読み過ぎで頭でっかちになることを戒めた言葉がある。なかなか耳に痛い。

◉多く読んでも身につかない弊害

書を読む人、最も誦《しょう》する底《ところ》は是《こ》れ古人《こじん》の語、倣《な》す底は是れ自家《じか》の人なるを怕《おそ》る。這等《かくのごと》き読書は、戸《と》を閉《と》づること十年、巻《かん》を破《やぶ》ること五車《ごしゃ》なりと雖《いえど》も、甚麽《なん》の用か成《な》さん。

（『呻吟語』問学）

読書人がともすれば陥りやすい落とし穴は何か。

古人の語録を暗誦《あんしょう》するまで読みはしたが、いざ眼前の急務を処理しようとすれば自己流に陥って、学んだことが役に立たないことだ。ここで古人の語というのは、経書、歴史書、偉人の遺した名言・事跡などを指すものと思う。世間からは智者もの知りと一目置かれるようになったが、それが本当に身についていなければ、いざ鎌倉という急場に臨んだときに頭が真っ白となってしまうか、もっと悪いことに、目先の名利に囚われて浅はかな行動に走ったりする弊害を述べているのである。

戸を閉ざして十年間とは三国時代の故事で、それほど長い間家に閉じこもって本を読み耽《ふけ》った人物が居て、世人はそれをからかって閉戸《へいこ》先生と呼んだそうだ。五車とは、戦国時代の人で常に車五台に書籍を積み上げて各地を遊説したという弁論家に由来する。閉戸も五車も読書量の多さを語っているが、それが行動に反映されなければ何の意味があるのか、と著者は問うている。『論語』の次の名言を思い起こす。通底するところがあると思う。

◉学びと思いの両方が必要

子曰《いわ》く、学びて思わざれば則ち罔《くら》し。思うて学ばざれば則ち殆《あや》うし。（為政編）

先生の教えを聴き、万巻の書を読んで知識を豊かにしても、自分自身で深く考えて咀《そ》嚼《しゃく》し、身につけることができなければ、物事の判断が暗くなる。考えてばかりいて、書物を読み込みしっかりと学問をしなければ、その思いは独りよがりの夢想となって、物事の判断は危なかしいものとなる。学びつつ思い、思いつつ学びなさいと教えている。

ここで「学ぶ」というのは人物学であり、「人はいかにあるべきか」を探求することだが、それも頭でっかちになってはダメだ。自分の身の回りに起こる、大小の出来事に照らして検証することが必要だ。知識によって得られた在るべき姿が、実生活に反映されるように考え行動せよというのである。さらに、次の一節を見よう。

子曰く、吾《わ》れ嘗《かつ》て終日食《く》らわず、終夜寝《い》ねず、以て思う。益《えき》なし。学ぶに如《し》かざるなり。（衛霊公編）

思うばかりでは益なし、と断じた孔子の自省の弁である。若い頃に一日中寝食を忘れて思い、自得しようと努めたが、何の足しにもならなかった。博く文に接し、偉大な先達の事跡に学ばなければ、何も分からないことに気づいたというのだ。孔子にして、このようなときがあったのかと思う。

◉読書の別の楽しみ

読書の楽しみは奥深いが、一面では楽な面がある。何も考えずに、著者の考えを追えば済むからだ。表現を味わい、筋立てを楽しみ、いつの間にか時間が経っていく。批判的に読み、さらには書物を横に置いて、自分の脳髄を絞るようにして考えるのは、本当はたいへんなことなのだ。

読みかつ思い、思いかつ学ぶことが、人間形成に必要なことは分かる。しかし一方で、読書には実益を離れた別の楽しみがある。時には推理小説を手にして、ちょうどBGMを聞くように、一見して無駄な息抜きの時間を過ごす楽しみも捨てがたい。

読書に限らず、音楽、絵画、陶芸、囲碁将棋、スポーツなど、本業以外に趣味三昧の世界を持つことは、人生を豊かにしてくれる。交友関係も広がっていく。一見いかめしい孔子は生涯音楽に遊び、道元禅師*も詩人として和歌の世界を逍遥《しょうよう》したのである。このことは後進の者にとって、何よりの親しみと励ましになっていると私は思う。

古代ローマの哲学者・政治家キケロー（BC一〇六〜四三年）も、若者との対話の中で同じようなことを言っている。「わしも歳をとってからギリシャの文学を学んだ。それを、まるで積年の渇きを癒さんとするが如く、貪るように学びとった。…（中略）…ソクラテスはそれを竪琴に関して行ったと聞いているので、わしもあやかりたいものだ」と。（『老年について』岩波文庫より）

道元禅師［1200〜1253］鎌倉前期の禅僧。日本曹洞宗の開祖。比叡山で修学した後、宋に渡り天童如浄を師として学んだ。帰国後、京都に興聖寺、越前に永平寺を開いた。主著『正法眼蔵』は後世に大きな影響を与えた。『新古今和歌集』の歌人、慈円が大叔父。和歌集に『傘松道詠集』がある。

才智を隠すゆかしさ

「能ある鷹《たか》は爪を隠す」と言う。

近頃は死語になったのだろうか。たまにテレビをつけて討論会などを観ると、人の発言の終わりを待ちきれずに喋《しゃべ》りまくる人がほとんどだ。目立つことが第一義、としか思えない。『呻吟語』は、このような才走った人を戒めている。

◉才学は諸刃の剣

才なく学なきは、士の羞《はじ》なり。才あり学あるは、士の憂《うれい》なり。それ才学は、これを有すること難《かた》きに非《あら》ずして、これを降伏《こうふく》すること難し。君子《くんし》、才学を貴《たっと》ぶは、もって身を成すなり。もって己を矜《ほこ》るに非ざるなり。もって世を済《すく》ふなり。もって人に夸《ほこ》るに非ざるなり。故《ゆえ》に才学は剣《けん》の如し。試《こころ》みるべきの時にあたりて一《ひと》たび試みる。不《しか》ざれば則ち諸《これ》を室に蔵《さや》め《おさ》、もって衒弄《げんろう》するなし。然《しか》らざれば、身の禍《わざわい》と為らざる者鮮《すく》なし。古《いにしえ》より十人にして十、百人にして百、一も倖《さいわい》に免《まぬが》るるなし。憂えざるべけんや。（問学）

士君子、すなわちリーダーとして、才能も学問もないのは羞かしいことだが、同時に才学のあることが憂いともなる。才学を身につけるのは難しくはないが、これを降伏する、すなわち自己のコントロール下に置くことが難しいからだ。リーダーが才学を尊重するのは、それによって世に処し、経世済民を行うためであって、自己を顕示し自慢するためではない。いわば、才学は剣のようなものだ。ここ一番というときに用いるのであって、ふだんはこれ見よがしに鞘《さや》を払って抜いたりはしない。さもなければ、諸刃の剣となって自らに禍を招くこととなろう。昔から例外は一つもなかった。これを憂えずにおられようか。

◉才学を内に秘める人たち

才能と学問はリーダーには欠かせない基礎的素養だが、使い方に気をつけよ、ふだんは内に秘めておけという警告である。この呂新吾の言葉を、単に損得勘定による功利的な処世術として捉えるのではなく、人としてのあり方を問う言葉として読む必要があると思う。

本当に優れた実力者ほど、問われれば明快かつ簡潔に意見は述べるが、謙虚で自らを誇らない、親しみ深い方々が多い。経営者、学者、教育者、芸術家と分野は異なってもみな同じで、尊敬の思いを深くする。共通点は、過去を振り返らない、若い者をつかまえて自慢話をしない、偉ぶらない。自分はまだこれからも成長するという思いが強いからであろうか。一芸に秀でた人に共通する魅力である。

◉神様と比べればまだ入口――囲碁の藤沢秀行氏

囲碁の世界に藤沢秀行*という名人がいた。日中韓の国境を越えて後身の育成にも力を注ぎ、今なお最も尊敬されている人物である。彼があるときに、「碁の神様と比べて、先生はどのへんにいますか」と聞かれ、「碁の神様を百とすれば、私の棋力は五か六位の所だ」と語ったという。そして、亡くなるまで碁の研究を怠らなかった。

素人には気の遠くなるような話だが、上には上がいることを、身に浸みて感じた一言であった。アマの初段クラスでは、アマトップとプロ棋士との差は見分けがつかないが、実はとてつもなく大きな差がある。さらに、そのプロとプロ名人との差は、アマトップにも分からない。碁はそういう奥の深い世界なのだ。

子どもの頃から囲碁に親しんできた者として、素人なりにどこにその差があるのかと考えてみた。一つは全体を見る形成判断力、もう一つは部分の闘いでの読みの深さ、その差が実力として現れるのではないか。このことは囲碁に限らず、人生万般に通ずることのように思われる。

◉本物を永遠に求めて――陶芸の加藤孝造氏

美濃の山奥に、加藤孝造氏*という陶芸家が住んでいた。瀬戸黒という陶器で人間国宝に指定された、現代陶芸の第一人者である。瀬戸黒だけでなく志野や黄瀬戸など、桃山時代を彷彿《ほうふつ》とさせる名品を生み出している。穴窯で茶碗《ちゃわん》を二百個焼いても残すのはせいぜい七、八個、残りは窯出しの後すぐに壊してしまうという。素人が見れば、勿体《もったい》ないような厳しさである。

人間国宝となった直後の個展では、入口に次の言葉が掲示されていた。「一作ごとに精魂を傾けているものの、意に添えるほどのものもなく、自身の無能さと無念さに苛まされます。師の言葉二文字、『精魂』を胸に今日もロクロを転しています」と。また別のときには、「今私は、心を打つものをつくりたい。押さえつけてもなお湧きあがってくる力がほしい。形のむこうにある、形のないかたちを、静かに思い、望みを大きくしています」とあった。

こうした名人上手の話を聞いて、会社経営の仕事も同じだと私は思った。目標に達するにはまだ道は遠い。いわんや、聞き嚙《かじ》った浅い知見を吹聴するなどは本当に恥ずべきことだ、とそう思ったのである。

藤沢秀行 〔1925〜2009〕 昭和・平成時代の囲碁棋士。横浜市生まれ。囲碁九段、名誉棋聖。名人、王座、天元などのタイトルを次々と獲得。1977年から囲碁界最高のタイトル棋聖を六連覇、91年にはタイトル獲得最高齢（66歳）で王座に返り咲く。日中囲碁交流にもつくした。

加藤孝造 〔1935〜2023〕 陶芸家。人間国宝だった荒川豊蔵氏に師事した。2010年に桃山時代から伝わる陶芸技法の一つで、漆黒の色を出すことが特徴の「瀬戸黒」の技法で人間国宝に認定された。

不動心

不動心。それは誰しもが願いながら、簡単には身につけることのできない心の構えである。いかなる事態に遭遇しても動じない心を持つことは、古来の英雄豪傑がそうであったように、人の一生の課題だ。

ともあれ、不動心の持主とは、どういう人なのか。

呂新吾は語る。

◉大事難事には担当を看る

大事難事《だいじなんじ》には担当《たんとう》を看《み》る。
逆境順境《ぎゃくきょうじゅんきょう》には襟度《きんど》を看る。
臨喜臨怒《りんきりんど》には涵養《かんよう》を看る。
群行群止《ぐんこうぐんし》には識見《しきけん》を看る。（修身）

大事や難事に直面しては、どこまでそれを担えるかを看る。順境と逆境にあっては、一喜一憂せずに呑《の》みこめる心の大きさを看る。喜びや怒りには、感情に振り回されずに悠揚としているかどうかを看る。大勢の人と行動をともにしては、「和して同ぜず」（『論語』子路編）、群れに流されない見識を看る。

このメッセージは四看とも呼ばれ、他人を測る尺度、すなわち人物の見分け方として用いられることが多い。しかしそうではなく、リーダーが平生の心構えを養う、自省の言葉と読んではどうだろうか。ここに掲げられた四つの事態に対処するときには、人それぞれに実力相応の地が顕れる。こうありたいと理屈では分かっていても、凡人にはなかなか実行が伴わないからだ。

そこで、自分の振る舞いがどうであったかを自己評価し、今後どうするかを決める基準として使うのである。自らを評価する自己とは、誰もが備えている「良心」であり「明徳」ではないかと思う。『大学』の冒頭には、「大学の道は明徳を明らかにする」こととある。その意味について安岡正篤*氏は、「人の道は、天から各人に与えられた立派な性稟《せいひん》を顕現させること」とその著書で述べている。

◉主人公の自覚——和田重正氏の教え

在野の教育者であった和田重正氏*は、不動心を養うには主人公の自覚が大切だと説いた。氏は昭和四年に大学を卒業してまもなく、小田原市に私塾「はじめ塾」を開き、『あしかび』紙を刊行しながら青少年の育成に生涯を捧《ささ》げ、多くの人々を感化した。

著書の一節を引いてみよう。

・(自分に内在する)大きな能力を引き出すには、何事かに全精力を集中すること。
・本当に深い祈り(息宣り、心の奥底から出る命の叫び)を発したならば、すべてのものがその成就のためにリアレンジ(秩序の編成替え)されます。この事実を自分で体験したものは、どんな境遇になっても自分を見失うことはありません。
・大切なことは、時々一人静かな時を過ごすことです。
・烏合《うごう》の衆ではなく、世の中のことを自分の目で見、自分の頭で判断し、自分の足で行動する独立の人格者でありたい。自分が主人公です。そういう主人公だけが、人類社会を本当に進歩させることができるのです。

(『葦《あし》かびの萌《も》えいずるごとく～若き日の自己発見』(柏樹社)より抜粋要約)

人生の「主人公」となれば、どんな境遇になっても自分を見失うことはなく、そのためには何が必要かを説いている。一人一人に内在する素晴らしい可能性に気づき、勉強でも仕事でも真剣勝負の経験を積み、静かな時間を持って内省し、祈り、公のために働く意欲を持とう、と。

◉平常心と随所主

唐代から伝わる禅語にも、味わい深い言葉がある。その一つが、「平常心是道《びょうじょうしんこれどう》」（『無門関』）だ。松原泰道*氏はその意味を、「道とは、禅のこころに限らず、華道、剣道などの道に通じるものです。稽古のときも、大事の場合も、ともに変わった心持ちのなくなるまで習慣化されてこそ平常心是道です」（『禅語百選』）と説いている。今一つは、「随所に主となれば、立処皆真《りっしょみなしん》」（『臨済録』）である。

禅には門外漢ながら、平常心は不動心と、随所主は主人公と同義ではないかと思う。しかし、その境地を自分の血肉とするのは容易ではない。修行僧が師匠から与えられた公案の解決に心血を絞るように、俗人は俗人なりに公私にわたる難題に真正面から立ち向かい、解決を図る中で自得する道が開けていくのであろう。

不動心は、自分への深い自信と裏腹である。その人の掛け値なしの、誤魔化しの利かない実力を示す。いざというときに右往左往しないように、平素から学び、静慮し、実地体験を通じて心胆を養っていきたいものだと思う。

安岡正篤［1898〜1983］大正・昭和時代の思想家、陽明学者。1927年金鶏学院を創立。終戦時の「玉音放送」原稿の添削をしたとされる。岸信介、佐藤栄作、蔣介石、三島由紀夫をはじめ、政財官界の指導者らに影響を与えた。著作に『王陽明研究』など多数。

和田重正［1907〜1993］教育者。旧制浦和高校を経て、1930年東京帝大法学部を卒業。「はじめ塾」を設けるなど、若い人たちの人生の友として奉仕の生活を続ける。人間のための教育研究会、国に理想をかかげる運動などに参加し、家庭教育を見直す運動を繰り広げた。

松原泰道［1907〜2009］昭和・平成時代の僧。岐阜県瑞竜寺で修行し東京竜源寺の住職となる。1977年に竜源寺住職をやめ、南無の会会長として辻説法や月刊誌「ナーム」発行など教化活動をつづけた。既成の宗教や宗派にとらわれず、仏教を生きるための哲学として解き明かした。東京出身。早大卒。

徳を積むには「静」

才徳兼備の人。

これは東洋の英知が説く、究極のリーダー像である。しかも、「才智」はリーダーの条件として欠かせないが、もっと大事なものが「人徳」だとする。では、どうすれば徳を磨くことができるのか。その障害と解決策は何か。

◉徳の妨げとなる四つの戒め

躁心《そうしん》・浮気《うき》・浅衷《せんちゅう》・狭量《きょうりょう》、この八字は、徳に進む者の大忌《だいき》なり。この八字を去るに、ただ一字を用ひ得。曰く静を主とす。静なれば即ち凝重《ぎょうちょう》なり。静中の境は自《おのづか》らこれ寛《かん》濶《かつ》なり。（『呻吟語』存心）

徳を積もうと努める者が心すべき四つの戒めがある。

それは、「躁心《そうしん》」落ち着きのない付和雷同する騒がしい心、「浮気」地に足の着いていないフワフワした気分、「浅衷」風に散る木の葉のように表面の現象だけを追いかけ回す浅い思い、「狭量」自分のみを善しとして人を容れようとしない心の狭さ、この八字四句こそが忌むべき事柄である。

では、この八字を取り除くにはどうすればよいか。その答えはただ一つ、「静」の一字である。独り静かな時間を持って、自心に深く問いかけ、内なる声に耳を傾けなさい、と教えている。身の回りに発生する現象は海面の波のように変化してやまないが、深海のように静かな本来の心に立ち返るのだ。その静けさに身を委ね、本来の自分を観つめれば、表面の波が露のように消え、深沈厚重でしかも広々とした闊達《かったつ》の気を養うことができる。

◉動中静をつくる工夫

静の一字は、十二時《じゅうにじ》離れ了《おわ》らず。一刻もわずかに離るれば便《すなわ》ち乱れ了る。門は尽日開《じんじつかい》闔《こう》すれども枢《とぼそ》は常に静なり。妍媸《けんし》は尽日往来すれども鏡は常に静なり。人は尽日応酬すれども心は常に静なり。惟《た》だ静なり、故に能く動を張主し得。若し動を逐《お》ひて去れば、事に応ずること定めて分暁《ぶんぎょう》ならず。便《すなわ》ちこれ睡《ねむ》る時もこの念静ならず、箇《こ》の夢児《ゆめ》を作《な》すもまた胡乱《うろん》なり。(存心)

「静」の一字からは、四六時中離れてはならない。

一時でも離れたら、たちまち心が乱れる。たとえれば、門は終日開閉するが、その回転軸（枢）は常に一定である。また、美醜様々なものが終日鏡の前を往来しても、鏡そのものは常に静かである。同じように人は、終日いろいろな人や物事に出会って応酬するが、心は常に静かに保つことができる。心底が静かだからこそ、動いてやまない環境の主人公となれる。動くものを追いかけるばかりでは、どこが頭でどこが尻尾かが分からなくなり、応酬も拠り所を失って乱れよう。また、眠っているときにも心に「静」、平安を保てなければ、夢もまた乱れるほかはないのだ。

◉心の拠り所を持つ

心中に「静」を保つことができれば、どんな事態になっても状況を明鏡止水のように観て、泰然自若として正しい判断を下すことができるだろう。だがそれは、誰にでもできることではない。では、凡人は一体どうすればよいのか。迷ったあげく考えたのが、次の自己流「凡俗の心得」であった。

①先人の書物を座右に置き、その志を学んで心の拠り所とする。
②現場主義に徹し、変化の中に存在する変化の法則をつかむ努力をする。

③課題には真正面から立ち向かい、逃げず、ありがたいと思って経験を積む。
④電話も家族の声も聞こえない早朝、独り静かな時間を持つ。
⑤元気に長生きし、年ごとに多少なりとも成長するよう心がける。

拠り所では、迷ってばかりだった三十代半ばの私は、『論語』にそれを求めた。百回、二百回と読み返すうちに、孔子は親しみ深い隣のお爺《じい》ちゃんのような存在となり、いつの間にか座右の書となっていた。拠り所を何にするかは人それぞれだが、尊敬する人や書物との出会いは、玄妙不可思議なめぐり合わせのような気がする。それこそ、人生最高の幸いである。ご縁は大事にしたいと真に思う。

心の中に何ものにも動じない「静」を据えることは、古今の偉大な先人たちが生涯をかけて追求した課題であった。元寇《げんこう》を迎え撃った北条時宗、剣豪宮本武蔵、明治維新の西郷隆盛、ＭＲＡ*創始者Ｆ・ブックマン*、臨調の土光敏夫など、思いつくままに挙げても切りがない。歴史上最も毀誉褒貶《きよほうへん》の多い足利尊氏*も、毎夜どれほど酔っても必ず一坐《いちざ》の工夫を怠らなかったと伝えられている。リーダーの心構えとしては、心に響くものがある。

MRA《Moral Re-Armament》 道徳再武装運動。第一次大戦後、米国の宗教家ブックマンが提唱し、オックスフォード・グループ運動に始まる平和運動。キリスト教の精神を基調に、宗教・国籍・人種・階級の別なく精神的道義の再建を通じて人類の和合を説く。（大辞泉）

F・ブックマン ［1878〜1961］ MRAの提唱者。スイス系米国人でルター派の牧師。軍拡戦争が盛んとなり戦争の危機が高まった第二次世界大戦の直前、軍備ではなく無私、正直、愛など道徳による再武装を訴え「誰が正しいかではなく、何が正しいかを基準に判断しよう」と訴えた。1946年スイスのコーに世界センターを設置した。

足利尊氏 ［1305〜1358］ 室町幕府初代将軍。在職1338〜1358。初め高氏と称し、後醍醐天皇の諱《いみな》尊治の一字を賜って改名。元弘の変で六波羅《ろくはら》を攻め落としたが、のち天皇に背き、持明院《じみょういん》統《とう》の光明天皇を立てて北朝を興した。延元3＝暦応元年（1338）に征夷大将軍となり、室町幕府を創始。（大辞泉）

人が見ていなくても

暮夜《ぼや》＊、知る無し。

これは、後漢時代の清廉な政治家、楊震《ようしん》＊のエピソードを下敷きにした一節である。誰も見ていないところでも、良心に恥じない行動が取れるかどうか。実行の難しい問いかけだ。

まずは、『呻吟語』を読んでみよう。

◉百悪の元はどこに？

暮夜無知。この四字は百悪の総根なり。人の罪は欺《あざむ》くより大なるはなし。欺くは、その無知を利するなり。大姦大盗《たいかんだいとう》は、皆無知の心によりてこれを充たす。天下の大悪はただ二種あり。無知を欺くと、有知を畏れざるとなり。無知を欺くは還《すべ》てこれ忌憚《きたん》の心あり。これ誠偽の関なり。有知を畏れざるは、これ箇の忌憚の心も無きなり。これ死生の関なり。猶《なお》畏るる有るを知るは、良心尚《なお》未だ死せざるなり。（存心）

暮夜無知とは、わずか四文字ながら百悪の根源を示すもので、人を欺くこと以上に大なる罪はない。欺くとは、嘘《うそ》と偽りをもって人の無知につけ込むことだ。大姦物《かんぶつ》・大泥棒は人の無知に乗じて、次々と勢力を伸ばす。天下の大悪も、突き詰めれば無知を欺くと有知を畏れないとの二種のみ。無知を欺く者には、誠と偽りの境目にあって、いくらかはまだ忌《い》み憚《はばか》る心、良心の声にビクビクする思いが残っている。だが、有知を畏れない者には、忌憚の心もない。ここに度し難い大悪党がいる。廉恥心を失ったときに、人は死生の関に立つ。往く先は死への道のみ。畏れる心がある間は、良心が死んではいないからまだましなのだ。

次に、楊震の故事を尋ねてみよう。

◉天知る、神知る、我知る、子《し》知る

後漢の楊震、東萊《とうらい》の太守となり、昌邑《しょうゆう》を経。故《もと》挙げし王密《おうみつ》、昌邑の令となり謁見す。夜に至り、金十斤を懐にして以て震に遺《おく》る。震曰く、故人は君を知る、君が故人を知らざるは何ぞやと。密曰く、「暮夜知る者無し」と。震曰く、「天知る、神知る、我知る、子知る。何ぞ知る無しと謂《い》わんや」と。密愧《は》じて出づ。（公田連太郎訳注『呻吟語』から抜粋・要約）

後に国家の宰相にまで登った楊震が、東萊地方の長官だったときのこと。昌邑という町を巡察した折に、町長の王密を謁見した。かつて目をかけた男である。それが夜になって宿舎を訪ねてきて、金十斤を差し出した。賄賂である。楊震は、「私は昔から君を知っているが、君は私のことが何も分からないのか」と言って、受け取りを拒否した。王密は、「夜で誰も見ている者はいません」と応えた。そこで楊震が発した言葉が、有名な「天知る、神知る、我知る、子知る」である。天も、神も、私も、君自身も今こうして知っているではないか。知る者がないなどとどうして言えようか、と叱責《しっせき》したのである。鈍い王密もやっと気がつき、恥じ入って部屋を出て行った。

この逸話は、『後漢書』に記されている。楊震が亡くなった後に、土地の人々はこれを徳として、「四知廟《びょう》」を建てて顕彰したという。

◉廉恥心と慎独《しんどく》

「暮夜無知」「四知」は、二つの言葉*を想起させる。

第一には、『論語』にある第一級リーダーの資格条件で、孔子は「己を行いて恥あり」（子路編）と喝破した。行動が自分の良心に照らして恥じない人のみが、真のリーダーとして多くの人を率いることができるとしたのである。

第二には、『大学』や『中庸』の中で繰り返し説かれている「慎独」の教えである。「君子は、必ずその独りを慎むなり。…小人閑居して不善を為し、至らざる所なし」（『大学』）という一節を思い起こしたい。士君子たるリーダーは、独り静かな時間を持って自らを慎み内省し、それをバネに明日の行動につなげなさい、小人のように落ち着きなく右顧左眄《うこさべん》するなというのである。

近頃伝えられる政界や企業における不祥事を耳にして思うのだが、「恥を知る」ことは人間形成の中で最も重要な心の構えである。

廉恥心とは体面や体裁の問題ではなく、自分の良心に照らして恥じない行動を取ることである。そうした迷いのない自分をつくり上げるには、日々「独り」だけの時間をつくり、静慮して自分を磨いていく以外に道はない。誘惑に負けず、私欲を捨てるのは容易ではないが、少しずつでも自得して血肉にするしかあるまい。真のリーダーとなる道は、常に遠く険しいものだと思う。

暮夜　夜にはいったとき。また、夜。（日本国語大辞典）

楊震　［54〜124］　中国後漢の学者。博学で、関西（中国の函谷関以西の地）の孔子と称された。50歳まで官に就かなかったが、尉官の高位、太尉などを歴任した。朝廷で権勢を振るった一門を弾劾する上奏を行い、讒言にあって太尉を免官された。郷里への帰還を命じられ、自殺した。

二つの言葉　詳細は、『才徳兼備のリーダーシップ』（時事通信社）参照。

感情を制す

感情に任せた言動によって、どれほど後悔することが多いか。

若気の至りとはいうものの、これを制御するのはまさに至難の業に思える。昔から言われる通り人は感情の動物で、身中に暴れ回る猛獣を飼っているようなものだ。どうすればよいか。

古人もまた同じ問題に逢着《ほうちゃく》し、その解決のために多くの名言を残してくれた。

◉世の中は情の世界

六合《りくごう》はこれ情の世界なり。万物は情に生じ、情に死す。至人《しじん》は情無く、聖人は情を調《ととの》へ、君子は情を制し、小人は情を縦《ほしいまま》にす。(『呻吟語』世運)

六合とは、東西南北に上下を加えて宇宙全体を指す。すなわち、この世の中は「情」の世界である。あらゆる物は情の中で生まれ、情の中に消滅する。「至人は情無し」とは、至れる人は神や仏のように宇宙の始原から万物と一体化している存在だから、喜怒哀楽や好悪といった人間的な感情を超えている。聖人はそうした情をバランスよく調え周囲に平安をもたらし、君子はそれを暴発させずに制御することができる。これに反して小人は、感情の赴くままに名利を求めて至らざるところなし。こうなったら、落ち着いた言説の影が薄くなり、世の中は乱れるほかはない。

あたかも現代を諷《ふう》した一文に思えてならない。明時代（一三六八〜一六四四）中期の哲人で武人であった陽明学の祖、王陽明*（一四七二〜一五二九）も同じ語を残している。

◉喜怒哀楽が全ての根源——王陽明

天下のこと万変《ばんぺん》すと雖《いえど》も、吾がこれに応ずる所以は喜怒哀楽の四者を出でず。これ学を為すの要にして、しかして政を為すもまたその中に在り。（弟子の王純甫《じゅんぽ》に与えた書簡）

世の中の出来事は千変万化とはいっても、対処するためにその淵源《えんげん》を尋ねれば、喜怒哀楽の四文字に集約でき、それ以上に出ることはない。人の言動の動機を突き詰めれば、いかに喜び、いかに怒り、いかに哀しみ、いかに楽しむか、そこに全てを帰することができる。人を根底から揺り動かすのは、理性ではなく感情である。それが分からなければ学問をしたことにはならないし、人の心を知らなければ政治を行うこともできない。

ここで、『論語』の一節を思い起こしたい。孔子の自叙伝である。

◉感情を自在に調え得る境地

吾れ十有五にして学に志す。【志学】
三十にして立つ。【而立《じりつ》】
四十にして惑わず。【不惑】
五十にして天命を知る。【知命】
六十にして耳順う。【耳順】
七十にして心の欲するところに従って矩《のり》を超えず。【従心】（為政編）

七十歳「従心」を、私は長い間何気なしに読んできたが、呂新吾（一五三六～一六一八）や王陽明の言葉に触れてハッと気づいたことがあった。それは、「心の欲するところ」の意味である。これまでは、自分の望みに従って行動しても、歳とともに名利や肉体的欲望が淡泊となり、智恵も豊かになっているので、羽目を外すこともなく、人に迷惑をかけることもなくなったと解していた。それもあるだろうが、孔子は七十歳を超えて、もっと深い境地に達したのである。いかにも年寄りじみた、感情のない枯れ木のような人になったのではない。自由自在、喜怒哀楽の発するままに振る舞っても、限界を超えて相手を害することがなくなった。そういう意味ではないかと気づいたのである。

孔子は、歳とともに成長した人だった。

三十歳で志を立てたが、四十歳までは迷うことが多かった。五十歳で天命を知るまでは、与えられた使命に対し不動の信念を持つには至らなかった。五十歳で知命を得ても人の言動にはとかく批判的だったが、六十歳になって嫌なことにも耳を傾けることができるようになった。そして七十歳にして「従心」の境地に達し、感情を自在に調えることができるようになったというのである。

孔子は詩や音楽をこよなく愛し、様々な弟子たちを親身に教導し、生涯学び続けた。その人となりに、私は深い親愛の情を覚える。しかし、感情を自由に統御するのは容易ではない。自然にそれができる境地とは、どんな世界なのだろうか。

寿命が延びた現代からすれば、孔子が七十歳で達した域に九十歳くらいで届けばよいのかも知れないなどと、自分を慰めながら思う。

王陽明　202ページ参照。

原点に戻る

思いもかけない事態に遭遇したときに、どう対処するか。平穏無事のときには隠れている、リーダーの真価が問われる場面である。泰然として処するのか、驚き慌てて右往左往するのか。さあどちらだ、と呂新吾は世のリーダーに対して迫る。襟を正して聴きたい。

◉その場しのぎではリーダー失格

世人の通病《つうへい》、事に先んじては体怠《たいおこた》り神昏《こころくら》し。事に臨んでは手忙《せわ》しく脚乱る。事を既《お》へては意散じ心安んず。これ事の賊なり。(『呻吟語』応務篇)

世の中の通弊は何か。まず、大事の前の平時には、身心を欲望のままに甘やかし、お先真っ暗の出たとこ勝負で日々を送り、環境激変に先立って必ず現れる予兆をつかむことが全くできない。次に、重大局面にぶつかれば、落ち着いて状況を見極めて対策を講ずることができず、右顧左眄、息せき切ってやたらに叫び、手足をせわしなく動かして走り回るほかに術はない。そして、幸いにして事態が収束した後はどうするか。やれやれと心が緩み、喉元過ぎれば熱さを忘れて、さしたる反省もなしに終わる。これぞ「事の賊」、リーダーとして人々を毒する最たるものだ。実に耳に痛い指摘ではあるまいか。

企業家にとっても他人ごとではない。不測の事態は、時と所を選ばず発生する。国家間の難問、大地震、伝染病、景気変動、不祥事、家庭崩壊など、過去の例は枚挙に暇なく、リーダーの資質が問われてきた。どうすればよいか。

◉原点回帰と平生の心がけ

一企業人としての体験から、解決の鍵は次の三点にあると私は思う。

①「原点」への回帰
②「想定内」を増やす長期的な視点
③小さな前兆をつかむ「現場主義」の徹底

原点回帰とは、経営理念に立ち戻ることを指す。自社事業の社会的役割・使命を内外に宣言する経営の原点ともいえるもので、社是・社訓として長い歴史を持つ会社も多い。私が関係した例では、中日本高速道路(株)は「良い会社で、強い会社」*が、静岡県の(一社)

ふじのくにづくり支援センター*は「お客様と共に歩む」が、経営理念と定められた。困難に直面したときほど、原点回帰の大切さを実感する。

将来の事態は、予め想定できるものもあるが、環境の変化は速く、時に想像を絶し、全てを想定内に収めることは不可能である。とりわけ地震・津波のような自然災害や、最近の感染症爆発などが相手では、自ずから限界がある。しかし、想定内の範囲を平素から広げておけば、想定外の事態が生じても慌てずに対応できる。そこに、長期視点に立つ経営計画の必要性が存在する。

現場主義とは「現場に立って考え行動すること」であり、現場はそこに立つ人に対し、常に繰り返しメッセージを語りかけている。大きな変化の前兆もごく小さなうちから、現場主義に徹する人には見え、聞こえるものだ。新しいアイデアの源も、問題解決のヒントもそこにある。経営者こそ率先して、現場に定期的に足を運ぶことが必要だと思う。

◉信用第一で社寿が伸びる

経営の基本は、「信用」にある。

信用をなくせば、数値に表れた業績も消え、企業は存続の基盤を失う。信用を戻すために生じた一時の損失はいずれは挽回《ばんかい》ができても、一度失った信用を取り戻すのは容易ではない。人の噂《うわさ》も七十五日で世間の話題になる頻度が減っても、直接被害を受けた人の思いは消えることがないからだ。

企業は社会的存在である。顧客、従業員、株主、地域住民、取引先など、ステークホルダーと呼ばれる人々に支えられている。単独には存在しえない。その人々と企業とをつなぐ鍵が「信用」であり、企業はこのためＣＳＲ（企業の社会的責任）の実行に努めている。原料調達から商品やサービスの提供に至る一連の事業活動を通して、社会的に認知され、初めてＣＳＲは本物となる。このようにして得た「信用」は、誠実な事業活動に対して社会が与える掛け値なしの評価だ。いま話題のＥＳＧ（環境・社会・統治）投資や、ＳＤＧｓ（持続可能な開発目標）も、企業にとっては同じ文脈のものといえる。

社会からの信用を失えば、企業は存続して「社寿」、その寿命を伸ばすこともできない。幸い日本には長寿企業の数が多く、創業二百年超の企業数は、二〇一九年一〇月の帝国データバンク、ビューロー・ヴァン・ダイク社のｏｒｂｉｓの調査で世界二〇六一社の六五％を占めている。これからもそれを可能にするのは、「信用第一」とする経営者の平生の覚悟と心構えだと私は思う。

中日本高速道路の経営理念　134ページ参照。

ふじのくにづくり支援センター　静岡県土地公社、静岡県道路公社、静岡県住宅公社を社員とする一般社団法人。三公社の総務事業、公社の枠を超えた関連事業（用地の地籍調査、道路の発注者支援、住宅の高齢者支援）、地方公共団体の行政改革を支援する事業などを行っている。2015年に設立、法人化し、三公社を傘下に事業を展開中。

志と生き甲斐

長い人生には、山があり谷がある。青春時代から働き盛りの壮年を経て、晩年に至るまで人それぞれに、人生の糸を紡いでいく。その時々の覚悟のほどはどうか、と呂新吾は問う。

◉盛衰の因は我にあり

我を亡ぼす者は我なり。人、自ら亡ぼさずんば、誰か能く之《これ》を亡ぼさん。（『呻吟語』修身篇）

自分を亡ぼす者は、自分以外の何者でもない。

実に迫力に満ちた、恐ろしいほど真理をうがった言葉である。国も、会社や家庭や個人の盛衰も、その真因は他国や他社や他人のせいではない。全て自分自身がそうしたのだという。ローマ帝国は内崩によって亡びた。中国の歴代王朝も然りだ。会社や家庭の崩壊は、内輪の争いによる。健康を失うのも、自らの不摂生が原因である。全て自己責任だ。

リーダーたる者に、「一切の責任は我にあり」という強い覚悟があるや否や。「三界は唯心の所現」と言う。仏教でも心理学でも説いているように、諸現象は心に描いた設計図に従って発生・消滅する。自分が蒔《ま》いた種は、因果律によっていつか必ず芽を吹き、花を咲かせ、果実を実らせる。良い種を蒔こうという動機がここに生ずる。

◉志が人生を変える

貧しきは羞《は》づるに足らず。羞づべきは是れ貧しくして而《しか》も志なきなり。賤《いや》しきは是れ悪《にく》むに足らず。悪むべきは是れ賤しくして而も能《のう》なきなり。老ゆるは嘆くに足らず。嘆くべきは是れ老いて而も虚《むな》しく生くるなり。死するは悲しむに足らず。悲しむべきは是れ死して而も聞こゆるなきなり。（修身篇）

貧しいことは羞ではない。羞ずべきは志がないことだ。社会的地位が低いことは忌み嫌う必要はない。忌むべきは能力のないことだ。年老いたことは嘆くには及ばない。嘆くべきは空しく生きることだ。死は悲しむには当たらない。悲しむべきは後に名が残らないことだ。

ここで志とは、人生の目的あるいは理想、自分の力で社会のお役に立とうとする思いである。志の大小、活動する舞台の広狭、名声の有無は問題ではない。生まれてきた以上は、人それぞれに必ずその人でなければならない役割・使命がある。それを果たしたときに、人は一隅を照らすかけがえのない存在となって、人々の信頼を受け、老いても頼りにされ、死後も語り継がれる人となるのである。

呂新吾が生きた時代の貧窮のひどさは、現代とは比較になるまい。現代は物が豊かになりすぎて精神の溌剌《はつらつ》を失った若者が多いと指摘されているが、昔はあまりに貧しくてやる気を失った者が多かったのであろう。それでも志を持てば、人生は変わる。能力も高まる。ただしそのためには、人に教えを乞い、本を読み、経験を積み、考える努力を生涯続けなければならない。

◉頼もしい中・高校生に接して

鉄は熱いうちに打てと言う。

日本の次世代リーダー養成塾*（専務理事：加藤暁子氏）という団体がある。全国の高校から二百人ほどを選抜して、毎年夏に福岡で合宿研修を行っている。ある年の八月には私も招かれ、リーダーシップについて『論語』を引いて話をしたが、キラキラと輝くような生徒の目を見、熱心な的を射た質問を受けて、たいへん心強く思った。懸念を吹き飛ばすような、元気いっぱいの若者に接したからである。質疑で「論語を何回読みましたか？」と聞かれ、「二百回までは記録して、後はやめました。読書百遍意自ずから通ずという。良い本は奥が深く、読めば読むほど味が出ます。ぜひ古典に挑戦してください」と答えた。受講生の感想文には「論語を百回読みます」と書いた生徒がいた。

また、静岡県下の中学生三十名を集めた夏の合宿研修会（県主催：ドリーム授業）で、「夢・志・目標」について、いろいろな例を挙げて話をした。「君たちが世界を舞台に活躍するという夢を持ったとして、どの分野でやるかを決める必要がある。それを志という。次に目標として何を学び準備するかを決めるのです。高校生になったら、志と目標を固めたい。今は人生の夢を思い切って広げてください」などと。中学生たちは、顔を輝かせて話を聞いてくれた。

「今どきの若者はなってない」と嘆く老人の声は、いつの世にも消えることはないが、このような中・高校生に接すると次の、さらには次の次の世代への希望がふくらんでくる。孔子も「後生畏るべし」（『論語』子罕篇）と語っているように。

子どもたちには、一人ひとりに無限の可能性が備わっている。誰にでも、その子ならではの才能がある。それをしっかり引き出し、伸ばし育てるのは大人の責務である。次代を担う青少年の育成は、学校や教育委員会だけに任せるのではなく、社会全体で取り組む必要がある。人生経験豊かな方々の参画を、心から期待したい。

日本の次世代リーダー養成塾　地方自治体と経済界がスクラムを組み、未来への夢を持った高校生たちをリーダーとして育成するための2週間のサマースクール。２００４年に開塾し、これまでに２５００人以上の卒塾生を世界に送り出してきた。日本や近隣諸国の歴史や文化などの一般教養を、世界を舞台に活躍する講師から学ぶ。

明鏡と識見

自分の周辺に起こる出来事を、ありのままに見ることができれば、その後の対処を誤ることはないだろう。方針を決めるのはその人の見識ではあるが、前提となる現状認識が正しくなければ、先に進むことはできない。

リーダーとして、物を見る眼と識見を錬磨するにはどうすればよいか。

◉自分の眼を信じよう

明鏡は、以て秋毫《しゅうごう》の末《まつ》を照らすに足ると雖《いえど》も、然れども持ちて以て面を照らして手を照らさざるは何ぞや。面は自ら見ず、鏡を借りて以て見る。手のごときは則ち吾れ自らこれを見る。鏡は明らかなりと雖も、目より明らかならざるなり。故に君子は自ら知り自ら信ずるを貴《たっと》ぶ。人の言を以て進止を為すは、これ手を照らすの識《しき》なり。耳目識見の及ばざる所のごときは、則ち天下の見聞に匪《あら》ざれば済《な》らず。（『呻吟語』修身篇）

よく磨かれた鏡は、どんな細かなものまでもそのままに映し出す。しかし、顔は映しても、手を映さないのはなぜか。当たり前ながら、手は鏡を借りなくても自分の目で見ることができるが、顔は鏡でしか見ることができないからだ。鏡はどれほど正確に物を映すといっても、人間の眼にはかなわない。君子は、これまで蓄えてきた自分の識見に基づいて身の処し方、進退を決める。他人の言には耳を傾けるにしても、最終判断をそれに委ねることは、自分の手を鏡に映して見るようなものだ。自分自身の思索や見聞によって得た、確かな見識以上に頼りになるものはない。また、そのような広く普遍性のある見聞でなければ、物の用には立たないのである。

◉明鏡のように

鏡のような心境について、『荘子』の中に次の一節がある。

至人《しじん》の心を用うるは鏡のごとし。将《おく》らず迎えず、応じて蔵《おさ》めず。故によく物に勝《た》えて傷《そこな》われず。(応帝王篇)

天の理を極めた至高の人の心は、磨き上げた鏡のようなものだ。「来るもの拒まず、去るもの追わず」、あたかも行雲流水のように、人情風物をありのままに映していつまでもこだわったりはしない。それだけに、どんな事態にも自由自在に対処できて、しかも傷つけられることもない。このようにして、人は自分一個の小さな平穏を得るにとどまらず、リーダーとして世の中を良い方向に導くことができる。

古来、「明鏡止水」という。変転やまない周りの状況を鏡に映すように正しく把握することを指すが、その上で適切に対処するにはかなりの力量が要る。私の拙い経験からすれば、その要は次の二点にあると思う。一つは、平生から独り静かな時間を持ち、内なる声に耳を傾けて心魂を鍛えておくこと。一つは、若いときの苦労は買ってでもせよと言われるように、逃げ場のない経験を数多く積むことである。

正確な観察力と適切な判断力は、日常の思索と豊かな経験によってのみ高めることができる。畳の上の水練では、いざというときに頭が真っ白になるばかりで、急場の役には立たないのである。

◉最近のお爺ちゃんの論語塾

閑話休題。

二〇二〇年の秋に、こんな思いに浸った。

「お爺ちゃんの論語塾*」を始めて十年、去る六月初めに第二五〇回を迎えたので、一区切りとなった。『かけはし』誌に拙文を載せ始めてからでも八年、間もなく一〇〇回を迎える。生かじりながら孜々《しし》として、東洋の古典という巨大な森の中を逍遙し、至福のときを得てきた。振り返ってみると、孫の世代の子どもたちに教えながら、一番勉強になったのは実は私自身、間もなく傘寿（八十歳）を迎えようとする不肖お爺ちゃん先生であった。毎回テキストをつくり、素読の声を聴きながら、つくづくそう思う。

塾では『論語』（二〇〇章抜粋）に始まり、『実語教』、『言志四録』（一七〇章抜粋）、『大学』、『中庸』に進み、最近は『貞観政要』を半ばした所である。今も『論語』と『大学』の素読は続けている。この間、塾では直接教えずに『かけはし』に掲載したのが、『易経』、『重職心得箇条』、『菜根譚』、『呻吟語』などであった。

時の経つのは速いものである。

十年を経て、塾生の最年長は、今や大学三年生である。その下に高・中・小学生が続いている。いずれは塾を閉じるときが来るだろうが、ここで学んだ子どもたちが、将来社会人となって様々な難局に直面したときに、古人の一言が心の支えになってくれればよい、妙な誘惑にかられたときにそれを止める力を持ってくれればよいと願っている。

お爺ちゃんの論語塾　２０１０年７月に自宅を開放し、寺子屋方式で開塾。小学生以上を対象。２０２３年現在、３００回を超えた。

先見の明

将来のことが事前に分かれば、今どれほど心の平安が得られるだろうか。

このことは誰しもの願いではあるが、将来を予知することは決して容易ではない。最近のコロナ禍や地震、豪雨などの大災害に遭遇するにつけても、人智の及ばない世界があることは認めざるを得ないからだ。

◉備《そな》えあれば患《うれ》いなし

将来に備える配慮は、個人の日常生活では健康管理、計画的な貯蓄と消費など、誰しもが心がけていることだ。しかし、環境の変化によって収入が不安定となれば、日々の家計のやりくりに苦心惨憺《くしんさんたん》することになる。

企業や団体の経営も同じである。

政治・経済・社会情勢など、経営環境は地球規模で激変する。それに柔軟に対処しない限り、事業の永続性は保証できない。長い歴史のある企業ほど、過去に経営の危機を迎えたことがあるはずで、そのときを振り返り対処の仕方を考えるだろう。だが、心ある経営者は過去の歴史に学びつつも、先を読む「先見の明」を持ちたいと腐心する。

将来を完璧に予知することは不可能であっても、「備えあれば患いなし」の心がけで、起こり得る事象に対して「想定内」の範囲をできるだけ多くし、「想定外」を少なくする努力は可能である。それにも増して大事なのは、日頃から「兆《きざ》し」への感度を高め、迅速柔軟に対処することではないか。

◉兆しをつかむ――漆器の諫《かん》

自然災害でも不祥事でも、必ず兆しがある。

初めのうちは小さく、繰り返し現れ、だんだん大きくなる。傾聴する者には聞こえ、心眼ある者には見える。その前兆をできるだけ小さいうちにつかみ、良い芽は育て悪い芽を摘むことのできる人物を、古来「先見の明あるリーダー」と呼んできたのではないか。『呻吟語』には、「漆器の諫」として伝わる一文がある。

漆器の諫は、舜《しゅん》のために憂うるに非ざるなり。天下後世の欲を極むるの君の、これよりしてその萌を開かんことを憂うるなり。天下の勢は無なれば必ず有なり。有なれば

必ず文なり。文なれば必ず靡麗《まれい》なり。靡麗なれば必ず亡ぶ。漆器の諫は、その有を慎《つつし》むなり。（治道篇）

古代の帝王であった舜が、漆器を用いようとしたときに、後世のために諫めた者が十人以上もいたという故事である。最初は大したことでもなさそうだが、この萌し（兆し）の段階で控えなければ、将来取り返しがつかなくなる。すなわち、無が有となり、有が文（文飾）となり、文が靡麗（奢侈美麗《しゃしびれい》）となり、君主の贅沢《ぜいたく》は止まるところを知らず、国が亡びることを家臣たちが案じたのである。

第三章
企業の社会的責任とは

コー・マウンテンハウス

ESG投資に思う

ESG投資への関心が、年ごとに高まっている。資本投資先を選定する基準として欧米で始まったが、日本でも近年急速に普及している。

◉ESG投資とCSR

ESGとは、E（環境：Environment）・S（社会：Social）・G（企業統治：Governance）の略である。ESG投資は、特定の企業に対する投資の可否を判断するにあたって、財務諸表に現れた利益・効率・安定性などの数字だけでなく、環境・社会課題への対応・企業統治への面での注力度合いを見ようとする。

対象となる企業にとって、ESG投資の動向は資金調達に影響するだけでなく、長期的な存続発展のために何が必要かを経営者に示している。CSR（Corporate Social Responsibility、企業の社会的責任）実行の延長線上にある、新たな視点を加えた展開として見ることができよう。

日本経済新聞二〇二三年六月二七日朝刊は、一面トップで「ＥＳＧ推進　賞与へ反映」と題し、花王、ソニーなどが社員の賞与に反映させる制度を導入したと報じた。企業社会の最前線で、すでに新たな動きが始まっている現れである。

◉巨大な投資残高

まずは世界の地域別に、ＥＳＧ投資による規模の推移を見てみよう。

	2016 年	2018 年	2020 年	
欧州	12,040	14,075	12,017	(41.6)
米国	8,723	11,995	17,081	(33.2)
カナダ	1,086	1,699	2,423	(61.8)
豪 /NG	516	734	906	(37.9)
日本	474	2,180	2,874	(24.3)
合計	22,839	30,683	35,301	

［注］①単位：十億米ドル。出所は GSIR2020。
②括弧内：地域毎の運用資産全体に占める ESG 投資の割合％

国際団体「世界持続可能投資連合」（GSIA）は、環境や社会課題への貢献を重視するESG投資の調査結果「二〇二〇年世界持続可能な投資レビュー（GSIR）」を二〇二一年七月一四日に公表した。それによると、米国や欧州、日本、カナダなど世界主要五地域の二〇二〇年時点の投資額は三五・三兆ドル（約三千九百兆円）に上り、一八年比で一五パーセント増加した。日本は二・九兆ドル（約三百十兆円）で三四パーセントの増加だった。

また、各地域での運用資産全体に占めるESG投資割合では、カナダが六一・八パーセントでトップ。米国が三三・二パーセント、日本も二四・三パーセントまで伸長。一方、定義変更の影響を受け、欧州は四一・六パーセント、オーストラリア・ニュージーランドは三七・九パーセントへと下がった。また、この数字は全運用資産の三五・九パーセントを占めている。

◉ESG投資の歴史

ESG投資は、一九二〇年代のSRI（Socially Responsible Investment、社会的責任投資）に始まる。長い歴史があるのだが、二〇〇六年に国連でPRI（Principles for Responsible Investment、責任投資原則）が誕生したことを機に、その認知度が高まってきた。

一九二〇年代のSRIは、主に米国においてキリスト教的倫理に基づき、武器、ギャンブル、タバコ、アルコールなどに関わる企業には投資しない、ネガティブ・スクリーニングとして始まった。

二〇〇〇年代に入り、社会問題への対応に積極的に取り組む企業を選んで投資する、いわゆるポジティブ・スクリーニングが拡大した。

〇六年の国連PRIは、六原則を概略次のように盛り込んだ。

1　投資原則と意思決定プロセスへのESG課題の組込み。
2　所有方針へのESG問題の組入れ。
3　対象企業に対する情報開示の要求。
4　資産運用業界における実行の促進。
5　本原則の効果を高めるための協力。
6　本原則の実行状況の報告。

日本では、二〇一四年に金融庁が「責任ある機関投資家の諸原則」（日本版スチュワードシップ・コード）を発表し、翌一五年にはGPIF（年金積立金管理運用独立行政法人）がPRIに署名し、ESG投資拡大のきっかけとなった。なお、このコードを受け入れた機関投資家は、二〇年末で二九三件である。

ＣＳＲは、民間企業が本来自主的に取組むべき課題である。

経済人コー円卓会議（ＣＲＴ：Caux Round Table）が、一九九四年に日米欧の経営者共同で「企業の行動指針」を発表したのはその良い例である。ＩＳＯ（国際標準化機構）によるルールＳＲ２６０００が、企業の自主行動を求めているのも同じ趣旨による。

一方で国際機関も、多国籍企業や人権問題に関与を深めてきた。ＯＥＣＤの多国籍企業行動指針、児童労働や強制労働を禁止するＩＬＯ条約など先例は多い。国連本部も企業に人権、労働の基本原則、環境、腐敗防止などへの対応を促すグローバル・コンパクト、ビジネスと人権に関する指導原則やＰＲＩなどを制定した。各国でも環境保護、CO_2削減、サプライチェーンの人権問題など、ルールづくりが進んでいる。

二〇〇四年に国連コフィー・アナン事務総長が来日した折に、日本経団連の奥田碩会長ほか役員と懇談し、アナン氏はグローバル・コンパクトについて直接説明し、経済界の協力を要請した。私も同席して、経済社会問題に対する氏の熱い思いを実感した。

今日の企業経営の課題は、こうした状況に対しＣＳＲの観点からいかに適切に対処するかにあると私は思う。

広がったESGの範囲

ESG投資に対する社会の関心は、近年ますます大きくなってきた。企業が国や世界の動向を左右するほど巨大化する一方、地域住民の日常生活に密着した存在となっている現れである。

◉地球課題となった——E

E（環境：Environment）の範囲は、公害問題から始まり、今や廃棄物、資源、生物多様性、地球温暖化、さらには脱炭素化にまで広がっている。

公害の定義にしても、大気・水質・土壌の汚染にとどまらず、騒音、悪臭、地盤沈下など、人の健康に加えて、動植物の生育環境にも及んでいる。米国の生物学者レイチェル・カーソンが一九六二年に『沈黙の春（Silent Spring）』（新潮文庫）を刊行して、農薬の公害を強く訴え、問題が社会化するに至る。経済成長の中でとかく軽視されていた環境問題が、大きく注目を浴びる素地をつくったのである。

日本でも海や大気が見違えるように美しくなり、川に魚が戻ってきた。地球温暖化や脱炭素対策に至っては、今や地球規模の国際公約であり、産官学が行動して取り組まねばならない、国の産業政策の重要課題となっている。

二〇一一年に国連人権理事会において「ビジネスと人権に関する指導原則」（以下、指導原則）が承認され十年以上が経ち、欧米を中心に企業に対してサプライチェーン管理の実施と開示を求める法規制が加速化している。二〇一五年の英国現代奴隷法及び、二〇一八年のオーストラリア現代奴隷法の制定以降、欧州各国でのサプライチェーンの人権関連開示の法制化が進み、二〇二三年六月には欧州会議でCorporate Sustainability Due Diligence Directiveのドラフト案が採択された。そしてこの欧州会議では、バリューチェーンにおける人権と環境の悪影響に対する包括的な緩和プロセスの実施、コーポレートガバナンスと経営システムへの持続可能性の取り組み（Duty of Care）、人権、気候、環境への影響、そして企業の長期的な回復力という観点からビジネス上の意思決定をフレームワークすることが強調されている。

こうした動きは国際ビジネスのルールに変化をもたらし、気候変動対応と同様に、人権が企業価値に大きな影響を及ぼす課題となってきたことから、世界的に拡大しているＥＳ

G投資においても、企業の人権対応をベンチマーク評価し選別する動きが進んでいる。

◉日本が遅れているという――S

S（社会：Social）についても、人権・労働問題、消費者保護、地域格差や過疎問題など、企業が対処すべきテーマは幅広くなる一方、一企業では対処しきれない課題も多くなっている。人権については近年、サプライチェーンにおける人権問題が注目されている。これは児童労働や強制労働を禁ずるＩＬＯ条約と相まって、労働問題とも深く関連し、多国籍企業による原料調達、加工工程の海外依存が高まるにつれて、その行動に対する厳しい監視の目が注がれている。かつて世界的なスポーツ用品メーカーが、アジアでの児童労働を理由に糾弾され、根本的に政策転換をした事件は今なお記憶に新しい。

国連から各国政府に対する指導原則に基づく国家行動計画（ＮＡＰ）策定の要請、及び欧州を中心とした人権関連の法制化の動きを受けて、日本政府も二〇二〇年一〇月にＮＡＰを策定した（世界で二四番目）。そして二〇二二年には経済産業省が「責任あるサプライチェーン等における人権尊重のためのガイドライン」を策定した。この動きに拍車がかかり、日本企業の間でも指導原則に基づく人権尊重の取り組みを進めなければならないという意識が高まり、人権デューディリジェンスを実施しようとするニーズが増えている。しかしながら、人権侵害はサプライチェーン、バリューチェーン上で発生するという国際的な人権認識に対して、日本企業はまだ自社グループレベルの取り組みにとどまっているところが多いのが実情といえる。

日本国内でも技能実習生など外国籍の労働者が増えるにつれ、その雇用実態について十分な配慮が必要である。日本企業はSへの配慮が足りないと指摘されることがある。国内外に進出した工場と地域住民との親密な関係、商品のアフターサービスなどは、どこの国よりも優れていると思われるのだが、なぜか？　それは、CSR（企業の社会的責任）がアクセサリー化しているからではないか。原料調達から販売・サービスに至る一連の事業活動そのものに、社会性がビルトインされて初めて解決できる問題だといえる。

◉形ばかりと疑われる――G

G（企業統治：Governance）については、コーポレート・ガバナンス・コードの制定により、企業社会の中に制度として普及してきた。委員会設置会社も数多くなったし、取締役会における社外役員の数も近年は著しく増加している。だが問題は、それが経営施策の面でいかに実行されるかにある。欧米の流行をいち早く取り入れて模範的な制度をつくったとされる会社が、しばしば不正行為に手を染めるのはどうしたわけか。最近だけでもいくつかの会社が、不正会計と放漫経営、安全データの偽造、贈収賄などによって厳しく批判されている。

それらの会社は、「形つくって魂入れず」と批判されても抗弁のしようがあるまい。制度をつくれば済み、株価が上がればよい、自分さえ儲《もう》かればよい、としか思っていないのではないかと危惧する。

そうした経営者の倫理観の欠如こそが、問題の根幹にあると思うのだ。

◉企業の長寿化と企業理念

最近の流行語に、持続可能性がある。

国連もＳＤＧｓ（Sustainable Development Goals：持続可能な開発目標）を提唱し、政治・経済・社会のあらゆる分野において「誰ひとり取り残さない」という崇高な目標を掲げ、これを地球規模で取り組もうとしている。

掛け声に終わらず、成果が実ることを期待している。

企業の持続可能性も、平易な日本語を使えば「企業の長寿化」にほかならない。

日本には、創立二〇〇年を超える事業体の数が世界の六五パーセントを超えるほど圧倒的に多い。このことを企業人だけではなく、多くの人に知って誇りにしてほしいと思う。長寿化は、近江商人の「三方よし」（売り手・買い手・世間よし）のように、自分も相手も世間もともに良いことが何よりも大事だとする、社是、社訓、経営理念が永く受け継がれてきたからである。

CSRという言葉は輸入英語だが、その求めるところは、日本の長寿企業には昔から伝えられてきたもので、特に目新しいものではない。このような社会的責任を重んずる良き伝統、経営理念や企業風土は今後とも堅持していかねばならない。

基本は、ステークホールダー経営である。顧客、取引先、従業員、株主、地域社会などを等しく大事にする経営であり、株主至上主義とは対極にある。会社は困難に直面したときこそ目先の損得に惑わされず、経営理念に立ち返り、全社一丸となって打開の道を探ればよい。それが歴史ある企業の強みでもある。このような優れた経営の伝統を忘れたとき、長寿企業数世界一という遺産も失われるだろうと私は懸念している。

モンゴルの経営者セミナー

ようやくコロナが落ち着いて海外渡航が緩やかになったので、二〇二二年一一月初旬にモンゴルを三年ぶりに訪問した。まだ厳冬の入り口とはいえ、朝晩の最低気温はマイナス一六度。幸いに快晴が続いたが、広大な草原と山は一面の銀世界、道路脇の根雪は氷となっていた。

◉首都の発展と課題

首都の変貌には目を見張る。人口の集中が急速に進み、総人口三〇〇万人強のうち、いまや半分強がウランバートルに住んでいる。私が初めてこの国を訪問した二十三年前は、四分の一に過ぎなかった。

二〇二一年は日本の援助による新空港が開港し、市内にはホテル、住居、事務所などの高層ビルが林立している。今なお建設中のビルも数多く、旧ソ連時代の建物は次々に消えている。急増する車の洪水に道路整備が追いつけず、平日の渋滞が甚だしく、駐車場を探すのも大仕事だ。地下鉄や高架道路の計画はあるが、実現の見通しは立っていないと聞いた。豊かな地下資源や畜産物に恵まれたこの国の発展には、道路、鉄道や電力など社会インフラの整備が欠かせないだろう。

一方たいへん教育熱心な国柄で、高校生の八七パーセントが大学進学を希望し、海外への留学意欲も高いという。こうした若者の成長が、この国の将来を変えていくのだろうと思わせた。

◉経営者セミナーへの反響

モンゴルには、MONEF（Mongolian Employers Federation：モンゴル経営者団体連盟）という全国組織の経済団体がある。私はその顧問を永く務めている関係で、連携して経営者セミナーを三年ぶりに再開した。参加者は五〇名、多くは若い経営者である。質疑応答と個別の相談も活発に行われた。

ビルメンテナンスを営む「セイセイサーバー（静岡市）」の長田きみの社長は、「企業における障害者自立支援と雇用」と題して、基本の考え方や社会的意義について講演した。高齢者や障害者の雇用に熱心に取り組んでいる会社である。障害者雇用率は法定二・三パーセントに対し、四パーセントと高い水準にある。聴講者の一人、労働・社会福祉省の課長から、同省で改めて講演してほしいとその場で頼まれ、滞在中に実現した。ちなみに長田社長は、静岡経済同友会の企業価値共創委員会委員長である。

私は「CSRについて」と題して、公害に始まるCSRの歴史を概説し、経済人コー円卓会議（CRT：Caux Round Table）の提言、SDGsなど国連の関与、ESG投資にも触れ、私自身の経営体験として中日本高速道路で設けた経営理念「良い会社で、強い会社」について話した。ステークホールダーに信頼される良い会社にすれば必ず利益をあげる強い会社になれる、強い会社にしたいあまり、目先の利益に目がくらんで悪い会社になり信用を失っては本末転倒で、会社の将来はない。人も会社も信用が第一。それには経営者の高い倫理観が欠かせないと強調した。

「電気事業連合会」の佐々木敏春副会長（中部電力）は、東京からオンラインで参加し、「日本の電気事業の現状と課題」について講演した。ウクライナ問題で世界が揺れている中、各国のエネルギー政策の動向、電力システム改革の現状と課題、カーボンニュートラルに向けた取り組みなどを詳細に解説した。石炭火力に頼るモンゴルもエネルギーに対する関心は格別に高く、電力関係者からの質問が殺到した。

水産・食品事業を幅広く営む「いちまる（焼津市）」の松村友吉社長は、「食品工場の品質管理について」と題して講演した。経営理念は「お役に立って幸せです」で、お客様の・社会の・社員のお役に立ち、相手を幸せにして自分も幸せになる会社を目指していると述べた。事業内容で注目を集めたのが、同社が日本で最初に導入した真空調理技術である。牧畜によって肉を豊富に産しても、付加価値をつける技術を持たないモンゴルならではの切実な関心であったと思う。

◉高度人材採用と学校訪問

今回のモンゴル訪問は、同国と静岡県との一一年余の友好関係に基づくミッションで、総勢二〇人であった。主な目的は、上記の経営者セミナーと高度人材採用面接会の開催である。面接会には今回初めて山梨県が参加し、両県の共同事業となった。日本語も堪能な学生が数多く受験し内定したが、ある面接官は、「学生のキラキラと輝く目を見ると、日本でのあり方を省みるほど」と述べていた。

他に印象深かったのは「新モンゴル日馬富士学園」である。一時帰国中の元横綱・日馬富士（本名ダワーニャム・ビャンバドルジ）の案内で構内を見学した。日馬富士が相撲の修業を通して学んだ日本の良さを取り入れ、理事長として二〇一九年に開校した学園で、幼稚園から高校まで一八〇〇人の生徒を擁している。出会った子どもたちの顔は明るく、礼儀正しく、挨拶もしっかりし、笑顔で私たち一行を迎えてくれた。生徒は全員が、毎朝学園の憲章を唱和しているという。憲章には要約すれば、両国の支援と協力による学園の設立、感謝の心、心知体の鍛練、祖先・正義・自然の尊重、人類の平和と調和を尊重する国づくりなどが謳《うた》われている。

久しぶりのモンゴルは、寒さの中でも旧交を暖める良い機会となった。

企業の長寿化と経営理念

経営者は、誰しも自社の長寿化を願う。しかも、人の寿命と同じように、単なる長命化ではなく、健康な長寿化を。

これは、いま流行の「持続可能性」の追求に当たる。この言葉は、国連提唱のＳＤＧｓなどを通じて普及してきた。

今回は、長寿化の一因として経営理念の存在を挙げてみたい。

◉二つのリーダーシップ

企業を率いるには、二つの求心力が欠かせない。すなわち、「人」と「経営理念」によるリーダーシップである。

創業者や中興の祖といわれる人物が強力なリーダーシップを発揮し、人の集団をまとめて一丸とし、企業を興し、あるいは窮境を脱して、組織を発展に導いた例は数多い。これは、「人による求心力」の発揮といえる。しかし人は必ず変わる。代が替わることもあるし、その人の寿命が道半ばにして尽きることもある。そして、後継ぎがいつも超一流の者ばかりとは限らない。

そうしたときに、拠り所となるのが経営理念である。先人が非常な困難に遭遇し、悪戦苦闘の末に道を開いた体験が、短い経営理念の言葉に凝縮されている。その意味は平穏無事のときには気づかないが、大きな危機に直面したときに、単なるお題目ではなく現実を打開する力となって現れてくる。時のリーダーが経営理念を元に全社員の心を一つにし、外に向かって闘うとき、道は開けていく。これは、「言葉による求心力」といえる。

◉長寿企業の経営理念

日本における長寿企業の数は、世界一である。それも圧倒的に多く、一〇〇年超企業では世界の約四〇パーセントを越え、二〇〇年超では六五パーセントを占める。その多くが立派な経営理念を持っている。具体的事例は別の優れた研究に譲るが、基本の経営哲学にはいくつかの共通性があると私は思う。

一つは、孔子の教えである。「徳は孤ならず、必ず隣りあり」（『論語』）や、「徳は本なり、財は末なり」（『大学』）など、事業は得業ではなく徳業とする考え方がここにある。また、江戸時代には石田梅岩が商人道徳を説いて、社会的に力をつけた商人たちに大きな影響力を与えた（参照：『都鄙問答《とひもんどう》』岩波文庫）。これには、信義を重んずる武士道の精神が武士層だけでなく、広く農工商の分野にまで拡大普及していることを示す証左だと思う（参照：笠谷和比古『武士道の精神史』ちくま新書）。

一つは、仏教の教えである。一二～一三世紀に法然が「共生」を、親鸞《しんらん》や道元が「自利・利他」を説いた。自分も他人もよしとする考え方は、一六世紀に始まる近江商人の「三方よし（売り手よし、買い手よし、世間よし）」にも受け継がれて、今日のＣＳＲの礎となっている。いずれも、経営者に対して高い倫理観を求めている。

◉身近な東芝の例

ところで東芝は今、会社再建の道を歩んでいる。四半世紀前にＯＢとなった私には、現在の詳しい実態は皆目分からないが、一九九〇年に制定された「東芝グループ経営理念」について再度紹介したい（二〇五ページ参照）。

当時の東芝は、一九八七年に浮上した子会社である東芝機械のＣＯＣＯＭ事件に対処している最中で、日米間の政治問題化して経営上非常な困難が続き、会社は大げさではなく存亡の危機に直面していたと思う。私も広報担当として渉外関係で一翼の任を担ったが、最終的に事件が解決したのは、五年後の九二年である。その前に、国内外の東芝グループを一つにまとめるため、二一世紀を見据えて、東芝本体だけではなく世界のグループ全体に適用される、新しい経営理念を策定することになった。

時の社長は青井舒一氏で、一九八七年に就任し、まさに疾風怒濤《しっぷうどとう》の中、「誠意と気概」を旗印に掲げ、率先垂範して全社を率いた。そして、九〇年に生まれたのが、次の経営理念である。

経営理念：人と地球の明日のために。

1. 人を大切にします。
2. 豊かな価値を創造します。
3. 社会に貢献します。

ステークホルダー全体を尊重する経営、イノベーションと価値の創造、地球環境の保護、世界の人々の生活・文化への貢献を謳っている。これは一一カ国語に翻訳の上、国内外全てのグループ会社に徹底し、社員の行動基準（Standards of Conduct）も全面改正された。

東芝の経営理念は、九〇年に経営会議の議を経て決定された。時の青井社長をはじめ経営陣の、二一世紀に向けた深い決意がこもっている。広報担当として起草し、提案説明をした私にとっても、忘れ難いものがある。

近年は度重なる激浪の中で、この経営理念が消えてしまったかと危惧していたが、テレビ・コマーシャルや各種の出版物から今も生き続けていることが分かったので、実はホッと安堵《あんど》している。現経営陣にはこの精神を生かして再建に取り組んでもらいたいと、OBの一人として願っている。

貿易摩擦の解決を目指した経済人コー円卓会議 CRT (1)

一九八〇年代の半ば、日本がバブルを謳歌《おうか》した頃を振り返って頂きたい。世界経済は日本の一人勝ちで、欧米との貿易・経済摩擦による緊張は頂点に達した。このときに、日米欧の経営者がスイス・レマン湖畔のコー（Caux）村に集い、今後の世界経済のあり方を議論することになった。一九八六年、経済人コー円卓会議の発足である。

◉発端――危機を訴える一通の手紙

発端は、一九八五年に遡る。オランダを本拠とするフィリップス社のF・フィリップス会長から、国際MRA日本協会（Moral Re-Armament 道徳再武装）の相馬雪香氏宛に一通の手紙が寄せられた。その中で氏は、地元紙が同年五月八日に掲載した、「日本のまやかしの微笑」と題する痛烈な日本批判記事を英訳した上で、次のように述べている。

「この記事は、将来の世界の貿易や進歩を脅かす危険をよく示している。日本では、現在何が起こっているか、ほとんどの人が承知していないのではないか。それどころか日本の大企業では、売上や利益を求めるのは企業として自然とはいえ、それにのみ目を奪われ、日本の産業の将来に大きな影響を及ぼす、この国際的な危機に気づいていないのではないかと危惧している。こうした事態に何か対処できないかと問うのは、ひとえに私の日本に対する友情の故であることは、十分に理解して頂きたい」と。

◉日米欧の経営者が一堂に会す

フィリップス氏と元ヨーロッパ経営大学院（INSEAD）副理事長のジスカールデスタン氏の呼びかけを受けて、八六年八月にスイスのコーに日米欧の経営者が参集し、CRTの初会合が開かれた。テーマは「貿易摩擦の解決を促す新しい姿勢やイニシアティブを求めて」であった。

ちなみに、MRAは一九三八年にF・ブックマン博士が英国で起こした平和運動で、博士は武力ではなく道徳による再武装を提唱した。ナチス・ドイツがポーランドに侵攻した年である。第二次大戦後はコーに世界本部が置かれ、終戦直後にこの場で独仏の劇的な和解が成り、今日のEU誕生の礎が築かれた。また、五〇年には日本の政財界人七〇名がコーに招かれ、それが日本の国際社会復帰への端緒となった。一行には、東芝の石坂泰三社長、若き中曽根康弘議員（いずれも当時）の姿があった。日本のMRA組織は七五年に設立され、初代会長には土光敏夫氏が就任した。なお、MRAは後年IC（Initiatives of Change）と改称され現在に至っている。

◉対話を通して相互理解へ

CRTでは、初めは日本と欧米の主張が真っ向から対立し激論が交わされた。しかし、「相手の立場を考え共通項を求めよう」とするコーの歴史的な和解の精神が働いたものと思われるが、対話を重ね、現状を正しく把握した上、責任ある経営者として世界経済の将来を考えようとする機運が次第に醸成されていった。

そこで、「相手方に何をすべきかと指図する

1986年のCRT国際会議

のではなく、まず自国の至らない所を改める」方向を合意し、日米欧各々のなすべき次の点を確認した。

(1)米国は、製品とサービスの輸出が増えるよう企業が努力する。

(2)欧州は、政府及び福祉に費やされる過剰歳出を削減する。

(3)日本は、貿易黒字削減に関する前川リポート勧告を支持する。

◉第二回会合は日本で開催

そして翌八七年五月に、第二回CRTグローバル・ダイアログが日本で開催された。目的は、次の四点である。

(1)第一回会合で日本の実状に対する理解が不十分であったと認識し、日本の現状と実態を直接見聞し、建設的対話の促進をはかること。

(2)各国での自助努力の成果が上がるよう働きかけること。

(3)世界の経済人の連帯を強め、自由貿易を守り、世界の平和と繁栄を築くための経済人による共同行動(Joint Action)を模索すること。

(4)日本のトップ企業を訪問し、相互理解を深めること。

この会合には、欧州からはフィリップス氏、ジスカールデスタン氏の他、英、独、デンマーク、スイスなど各業種の経営者が、アメリカからはO・バトラー氏（プロクター&ギャンブル社会長）、R・ネイター氏（SRIインターナショナル専務理事）他が参加した。一行は一〇日間の日程で、経団連、経済同友会、関経連、神戸商工会議所を歴訪し、通産大臣と懇談し、企業を訪問して工場を視察した。企業訪問では、キヤノンの賀来龍三郎社長、東芝の渡里杉一郎社長、清水榮副社長と東芝労使（一九七七年以降毎年労使でコーの世界産業人会議に参加）、日産自動車の石原俊会長、松下電器の山下俊彦相談役（いずれも当時）と面談し率直な意見交換がなされた。

会合はコーだけでなく各国でも開催され、模索した共同行動は九四年に「企業行動基準」として実り、民間が自発的に創出したCSR（企業の社会的責任）の世界モデルとなった。私自身は東芝の清水副社長（当時）を補佐して最初からCRTに出席し、各国経営者の高い志と実行力に深い感銘を受けた。

貿易摩擦の解決を目指したCRT(2)

経済人コー円卓会議（CRT）は、一九八六年にスイスのコー村に日米欧の経営者が集って発足し、九四年には「企業行動指針」を発表した。

◉三つの基本原則の確認

多国籍企業の節度ある活動については、OECDやILO等の国際機関が、基準づくりに長年取り組んできた。同時に、CSR（企業の社会的責任）の観点から、各国で企業のあるべき行動について見解をまとめる動きが進んでいた。

このような中でCRTは、長期的には世界経済の安定的発展のために、身近には日本対欧米の経済・貿易摩擦の解消のために、各国を歴訪し数年にわたり論議を重ねて合意を模索した。経済の発展には自由な競争が不可欠だが、同時に協調する道はないのか、そのためには何が必要かを求めたのである。

その結果は、共同行動のための次の三原則として実った。

①共生（きょうせい）
②人間の尊厳
③ステークホールダー原則

◉共生――日本の提唱

「共生」は、日本が提起した原則である。

キヤノンの賀来龍三郎会長は、日本のメンバーを代表して、共生は、調和を重んずる日本古来の思想であり、同社では経営理念として掲げ、国内外にわたり実践していると述べた。このスピーチは欧米の経営者に深い感銘を与え、参加者の全面的な賛同を得た。なお、賀来氏は『新しい国造りの構図――倫理国家をめざして』（東洋経済新報社）、『日本の危機――国と企業をいかに再生すべきか』（同）を上梓《じょうし》し、共生に基づく国家・企業のあり方を縦横に論じている。

共生の概念は、日本人の人生観、自然観に現れている。人は自然とともに生き、自然に生かされ、自然に帰るという敬虔《けいけん》な思いがそれで、その感慨を四季折々に和歌や俳句に託して詠んできた。世に争いは絶えないが、聖徳太子の「和を以て貴しとなす」も、法然の

「共生（ともいき）」も、親鸞や道元の「自利利他」の思想も、同一線上にあると思われる。

◉人間の尊厳——欧州の提唱

人間の尊厳は、欧州の経営者から提起された。背景にはキリスト教の精神があるが、国や人種や宗教を越えた万国共有の価値観として異論なく採用された。

ちなみに、昭和二三（一九四八）年に日経連（日本経営者団体連盟。現日本経団連）が設立されたときに、当時の経営者は「経営者よ、正しく強かれ」と呼びかけ、重点方針として三つ、①人間尊重の経営②長期視点の経営③経営道義の高揚——を掲げた。また、一九九九年に日経連の会長に就任した奥田碩氏（二〇〇二年、日経連と経団連が合併し誕生した日本経団連の初代会長に就任）は、「人間の顔をした市場経済 Market Economy with Human Face」の構築を提唱し、翌年のＩＬＯ総会の代表演説でその方針を述べた。米国のクリントン大統領も、同じ総会で同趣旨の演説をしたことが記憶に新しい。

◉ステークホールダーの尊重——米国の提唱

ステークホールダー原則は、米国側が提起した。顧客、株主、従業員、地域社会、取引先など多くの企業の利害関係者を、企業を支える存在として、等しく尊重しようとする考え方である。

ステークホルダーの尊重は、企業経営の元々の基本理念であった。しかし、近年いわゆるグローバル化が急進展し、金融資本が巨大な影響力を持つようになるに伴い、株主至上主義が圧倒的な主流となって、他のステークホルダーの影が薄くなっていた。企業は株価に一喜一憂し、配当性向を高めることに注力した。

近年は行き過ぎたグローバル化への反省が高まり、株主至上主義からステークホルダー原則への揺り戻しが始まっている。二〇一九年夏には、米国の主要二〇〇社の経営者がビジネス・ラウンドテーブルに集い、「これまで主張してきた株主至上主義を改め、多くのステークホルダーを尊重することに方針転換する」という声明を出したのである。次いで、二〇二〇年のダボス会議でも、このテーマが議題として取り上げられた。日本でもこの傾向が高まり、ようやく振り子が真ん中に戻ろうとしている。

ＣＲＴは、経済を発展させ豊かな社会を実現するには、倫理性ある資本主義（Moral Capitalism）の必要性を一貫して主張している。強欲資本主義（Greed Capitalism）では、現代社会が抱えている諸々の課題や深刻なゆがみを解決することはできないと考えている。

コンプライアンス（法令遵守）は重要だが、それは法治国家において守るべき最低基準に過ぎない。企業の経営・管理者には、それを越えた高い倫理観が必要である。企業は適正な収益を上げなければ、立ち行かなくなるが、「法令に違反しなければ何をやってもよい」「自分さえ良ければよい」では、社会的信用を失って存続すら危ぶまれる事態となるのである。

現代社会の最大課題は、倫理観の豊かなリーダーの育成ではあるまいか。時間がかかっても、家庭・学校教育の場から取り組まねばならないと私は思う。

「企業の行動指針」の策定 CRT(3)

◉誰が正しいかではなく、何が正しいか

経済人コー円卓会議（CRT）は、一九九四年に「企業の行動指針」（以下、指針という）を発表した。

八六年にCRTが結成された当初は、日本対欧米間の経済・貿易摩擦を解消することが主目的であった。このため、スイス・レマン湖畔のコーに集った日米欧の経営者は、各国を訪問し実情を確かめながら、解決策を求めて数年にわたり論議を交わした。鋭い対立から始まった論議は、対話を重ねる中で相互理解が深まり、長期視点に立ち、新しいCSR（企業の社会的責任）像を模索し、人々に支持・尊敬される企業活動のあり方を明示し、企業行動の是非を判断する世界的な基準を示そうとする方向に集約していった。

この行動指針は、共生・人間の尊厳・ステークホルダー原則という三つの基本原則の上に立っている。

ＣＲＴは、まず自らを正すことを第一とし、「誰が正しいかではなく何が正しいか」を明らかにしようとした。そして、企業の意思決定において、倫理的価値観が不可欠であることについて認識を共有し、それなくして安定したビジネス関係や持続可能な世界を実現することは望み得ないと考えた。

◉指針が示す七つの一般原則

指針は、前文に続き七つの一般原則を示している。要旨は次の通りである。

【原則1】企業の責任――株主のみならずステークホルダー全体に対して

顧客・従業員・株主の生活向上をはかり、仕入先・競争相手には公正に義務を果たし、地域社会・国・世界のため「企業市民」として一翼を担うこと。

【原則2】企業の経済的・社会的影響――革新・正義・地球コミュニティを目指し

諸外国に拠点のある企業は、人権・教育・福祉等その社会的発展に貢献すること。

【原則3】企業の行動――法律の文言以上に信頼の精神を

約束の遵守、透明性の向上、自社の信用と国際取引の円滑化に資すること。

【原則4】ルールの尊重

貿易摩擦回避、自由貿易、公正競争維持のためのルール尊重。

【原則5】多角的貿易の支持

ＧＡＴＴ／ＷＴＯなど多角的貿易体制を支持し、企業または自国の政策目標を尊重しつつも、漸進的で適正な貿易自由化の促進と世界貿易を不当に妨げる国内規制の緩和促進に協力すること。

【原則6】環境への配慮

環境を保護・改善し、天然資源の浪費を防止すること。

【原則7】違法行為等の防止

贈収賄やマネーロンダリング等に関与・看過せず、テロ・麻薬等組織的犯罪に利用される取引をしないこと。

◉ステークホルダー原則について

ステークホルダー原則は、米国のミネソタ企業責任センターが主導してまとめたものである。

最大の特徴として、ステークホルダー全体を等しく尊重するよう主張している。近年のグローバリズムの進展に伴い、声高に言われてきた株主至上主義の考え方はここにはない。ちなみに、二〇一九年に米国の主要企業二〇〇社の経営者がビジネス・ラウンドテーブルを開き、「これまでの株主至上主義を改め、ステークホルダー全体の重視に方針転換する」と宣言したが、これも、ミネソタ原則の現れである。

また近年、サプライチェーンの人権問題が世界的にクローズアップされているが、日本企業も、例えば東南アジアのパーム油生産農園の管理にまで、目を配り始めたことは注目に値する。

◉モラル・キャピタリズムへの道

「自分さえ良ければよい」という風潮が蔓延《まんえん》すれば、世は強欲の支配する弱肉強食の世界と化す。公益のために多くの人が努めれば、道義・信義を重んずる社会が実現し、道義的資本主義（Moral Capitalism）に通ずる道が開ける。今日の世界は、前者が優勢な危機的状況にあるものと私は危惧する。

ＣＲＴが目指すのは、道義的資本主義の世界である。その実現には、時間がかかっても、倫理観の豊かな才徳兼備のリーダーを育てるしか道はないと思う。

おわりに

古典は、リーダーシップ論の無限の宝庫です。

私にとっては、『論語』がそのきっかけとなりました。晩学でしかも独学で、初めて通読したのは四〇数年前のことです。原典を繰り返し読み込むうちに、孔子の厳しくも温かな人柄が身近に感じられるようになり、『論語』はいつの間にか私の座右の書となりました。その後だんだんと視界が広がり、四書五経の全体や『史記』を始めとする史書にも、尽きることのない興味が湧いて今に至っています。

そして目指すべきリーダー像は、「才徳兼備の人」という確信を深めました。人生にはゴールはありませんから、リーダーは、たゆまず自己研鑽《けんさん》に励まなければならないと思います。

今回本書で取り上げた、『貞観政要』と『呻吟語』もその確信を深めた書物です。私自身の拙い経験に基づく解釈と整理ですから、不十分な偏った見方に偏しているかも知れませんが、その辺はお許し頂きご叱正《しっせい》を乞う次第です。

いま古典を学びながら最も実感することは、古典の説く「人としてのあり方」や「何が正しいかの価値観」、さらには国家や企業興亡の要因には、今も昔も何ら変わりがないということです。こうした認識の上で、私は現代のリーダーシップの質が少しでもよくなるよう、及ばずながら皆様とともに力を尽くしたいと思っています。

本書の出版にあたり、多くの方々のご支援を頂き、まことにありがとうございました。

公益財団法人産業雇用安定センターと特定非営利活動法人ＩＬＯ活動推進日本協議会は、『かけはし』と『Work & Life 世界の労働』誌に拙文を掲載する機会を永年提供して下さいました。物書きではない私が、多少なりとも物を深く考えるようになったのは、この場のお蔭《かげ》です。

また本書は、ＮＰＯ法人経済人コー円卓会議（ＣＲＴ）日本委員会のお奨めで実現し、石田寛事務局長にはＣＳＲ関連の資料編集にも加わって頂きました。

制作では、㈱時事通信出版局元社長の松永努様、同社編集担当の天野里美様には、構想全般をはじめ全ての点についてたいへんお世話になりました。用語・人名の注釈などは松永様の、そして人名索引は天野様の労になるものです。

また雑誌に連載中は、原稿段階で妻の景子に毎回一読者としての意見を述べてもらいました。「分かりにくい」とか、たいへん参考になったことを感謝を込めて付記します。いくらか読みやすくなったとすれば、そのお蔭です。
お名前は挙げませんが、連載中に感想を寄せて下さった多くの読者の皆様をはじめ、お世話になった方々に心からお礼を申し上げます。

二〇二四年一月

矢野弘典

陶額「徳不孤必有隣」（著者制作）

参考文献抄

石田梅岩／足立栗園校訂『都鄙問答』（岩波文庫）
内村鑑三／鈴木範久訳『代表的日本人』（岩波文庫）
宇野哲人全訳注『大学』（講談社学術文庫）
エミール・アラン／神谷幹夫訳『幸福論』（岩波文庫）
海音寺潮五郎『詩経』（講談社）
賀来龍三郎『新しい国造りの構図――倫理国家をめざして』（東洋経済新報社）
賀来龍三郎『日本の危機――国と企業をいかに再生すべきか』（東洋経済新報社）
笠谷和比古『士（サムライ）の思想――日本型組織と個人の自立』（ちくま学芸文庫）
笠谷和比古『主君「押込」の構造――近世大名と家臣団』（講談社学術文庫）
笠谷和比古『伝統文化とグローバリゼーション――京都からの発信』（ＮＴＴ出版）
笠谷和比古『武士道――侍社会の文化と倫理』（ＮＴＴ出版）
笠谷和比古『武士道の精神史』（ちくま新書）
笠谷和比古校注『新訂 日暮硯』（岩波文庫）
金谷治訳注『論語』（岩波文庫）
キケロー／中務哲郎訳『老年について』（岩波文庫）
呉兢／原田種茂『新訳漢文大系 貞観政要 上下巻』（明治書院）
呉兢／原田種茂『新装中国古典新書 貞観政要』（明徳出版社）
呉兢／守屋洋訳『貞観政要』（ちくま学芸文庫）

呉兢／渡部昇一・谷沢永一『新装 版貞観政要──上に立つ者の心得』（致知出版社）
呉兢／山本七平『帝王学──「貞観政要」の読み方』（日経ビジネス人文庫）
佐藤一斎／川上正光全訳注『言志四録 全四巻』（講談社学術文庫）
司馬遷／西野広祥・藤本幸三訳『史記 全七巻』（徳間書店）
渋沢栄一『論語講義 全七巻』（講談社学術文庫）
瀬戸謙介『14歳からの「啓発録」』（致知出版社）
竹村亜希子『リーダーの易経──「兆し」を察知する力をきたえる』（角川SSC新書）
道元／石井恭二注釈・現代訳『正法眼蔵 全五巻』（河出書房新社）
土光敏夫『経営の行動指針』（産業能率大学出版部）
土光敏夫『日々に新た──わが人生を語る』（PHP文庫）
西岡常一／西岡常一棟梁の遺徳を語り継ぐ会監修『宮大工棟梁・西岡常一「口伝」の重み』（日本経済新聞社）
松原泰道『禅語百選──人生の杖ことば、いのちの言葉』（祥伝社新書）
宮本武蔵／アレクサンダー・ベネット訳・解説『真訳 五輪書』（PHP研究所）
安岡正篤『呻吟語を読む』（致知出版社）
矢野弘典『青草も燃える』（中経マイウェイ新書）
矢野弘典『才徳兼備のリーダーシップ──論語に学ぶ信望』（時事通信社）
山田済斎編『西郷南洲遺訓──付 手抄言志録及遺文』（岩波文庫）
由井常彦『清廉の経営──「都鄙問答」と現代』（日本経済新聞社）
スティーブン・ヤング／CRT日本委員会・原不二子監訳『CRT経営──モラル・キャピタリズム』（生産性出版）

李登輝『最高指導者の条件』(PHP研究所)
李登輝『「武士道」解題――ノーブレス・オブリージュとは』(小学館)
老子/加島祥造訳『タオ――ヒア・ナウ』(PARCO出版)
呂新呉/公田連太郎訳注『呻吟語』(明徳出版社)
呂新呉/守屋洋編・訳『現代人の古典シリーズ 呻吟語』(徳間書店)
呂新呉/湯浅邦弘『ビギナーズ・クラシックス 中国の古典 呻吟語』(角川ソフィア文庫)
和田重正『葦かびの萌えいずるごとく――若き日の自己発見』(柏樹社)

さ行

た行

索引

あ行

か行

【著者紹介】

矢野弘典（やのひろのり）
公益財団法人産業雇用安定センター会長

1941 年生まれ。1963 年東京大学法学部卒。

株式会社東芝欧州総代表兼東芝ヨーロッパ社社長、日経連常務理事、日本経団連専務理事、明治学院大学客員教授、中日本高速道路株式会社代表取締役会長 CEO、株式会社 ADEKA 社外取締役などを歴任。現在は、株式会社 ADES 経営研究所代表取締役社長 CEO、一般社団法人ふじのくにづくり支援センター兼三公社理事長。

主な公職は、社会保障審議会委員、労働政策審議会委員、司法制度改革労働検討会委員、ILO 使用者日本代表、アジア太平洋経営者連盟（CAPE）事務局長、公益財団法人日本相撲協会横綱審議委員会委員長を歴任。現在は、特定非営利活動法人経済人コー円卓会議（CRT）日本委員会会長、モンゴル経営者連盟（MONEF）顧問、静岡県地域自立のための「人づくり・学校づくり実践委員会」委員長、東京国際ビオラコンクール実行委員会委員長など。

著書に『青草も燃える』（中経マイウェイ新書）、『わが国海外進出企業の労働問題～マレーシア』（共著、日本労働協会）、『才徳兼備のリーダーシップ～論語に学ぶ信望』（時事通信社）。

『お爺ちゃんの論語塾』を主宰。

※本書は、公益財団法人産業雇用安定センターの機関誌『かけはし』に著者が連載している「お爺ちゃんの論語塾」、特定非営利活動法人 ILO 活動推進日本協議会の機関誌『WORK & LIFE 世界の労働』の連載エッセイをベースに加筆・修正したものです。

諫言《かんげん》を容《い》れる
経営《けいえい》のリーダーシップ

2024年2月20日　初版発行

著　　者	矢野弘典
発 行 者	花野井道郎
発 行 所	株式会社時事通信出版局
発　　売	株式会社時事通信社
	〒104-8178　東京都中央区銀座 5-15-8
	電話 03(5565)2155　https://bookpub.jiji.com/
印刷・製本	中央精版印刷株式会社

編集協力	松永　努
装　　幀	松田　剛（東京100ミリバールスタジオ）
出版協力	NPO法人経済人コー円卓会議（CRT）日本委員会
編集・DTP	天野里美

ISBN978-4-7887-1893-7　C0095　Printed in Japan